暖言润心

校长寄语陪你成长

黄培杰◎著

广东高等教育出版社
Guangdong Higher Education Press
·广州·

图书在版编目（CIP）数据

暖言润心：校长寄语陪你成长/黄培杰著．—广州：广东高等教育出版社，2021.9
ISBN 978－7－5361－7061－2

Ⅰ．①暖…　Ⅱ．①黄…　Ⅲ．①中学教育－文集　Ⅳ．①G63－53

中国版本图书馆CIP数据核字（2021）第138070号

NUAN YAN RUN XIN：XIAOZHANG JIYU PEI NI CHENGZHANG

出版发行	广东高等教育出版社 社址：广州市天河区林和西横路 邮编：510500　营销电话：（020）87554153 http://www.gdgjs.com.cn
印　　刷	广州市番禺区友联彩印厂
开　　本	787毫米×1 092毫米　1/16
印　　张	13.5
字　　数	276千
版　　次	2021年9月第1版
印　　次	2021年9月第1次印刷
定　　价	39.00元

名家点评

感动于黄培杰校长每天坚持给疫情宅家的学子们送上一篇寄语！字里行间，情真意切，犹如在寒冷的黑夜送上一束光，指引前行，给人以温暖、信心和力量！本书很适合中学生阅读及亲子阅读。

广州市家庭教育研究促进会副会长　梁东标

日有所思，每日书信。“校长每日一句”来自黄培杰校长的音频、文字、书信，不为上课，而是陪伴，实乃教育情怀。亦为教育的温暖，教育者的引领，教育行为的初心，此乃智慧，更是信仰。人若其人，见贤思齐，润物无声，当春启程。实战最为挑战，此乃最美劳动者。作为教育者，应该从经常感动自己开始，看见越来越多的人因为自己的努力获得成长的能力。教育是感动自己和他人且积德的事业。让教育走向信仰，使教育摆脱功利走向公益，黄培杰校长做到了。

华南师范大学心理学院心理学系系主任

广东省优秀社会科学普及专家　陈俊

黄培杰校长是一位用心做教育、用情聚人心、用爱助成长的大朋友。读一封封“校长爸爸”的信，就如与一位懂你的大朋友的心灵对话，帮你找到成长的方向，发现学习的意义和生活的美好。这是一本能给你启迪、让你感动、助你前行的好书。

广州大学教育学院副教授　林冬桂

黄培杰校长的每日寄语饱含深情，对学生循循善诱，赋予了学生积极向上的正能量。黄培杰校长不愧为一位有情怀的教育工作者。

华南师范大学心理学院副教授　攸佳宁

序　一

纸短情长，见字如面！2020 年以来，一场突如其来的新冠肺炎疫情打乱了学校的正常教学秩序。疫情期间，广州市执信中学琶洲实验学校黄培杰校长坚持每天以书信寄语的方式与师生隔空交谈，几个月如一日的坚持，书信字数竟累积二十余万字，其情之恳切、言之精要、理之深刻，让学生和家长们都深深受益，遂取其原文汇集成书。

《暖言润心——校长寄语陪你成长》涉及的内容非常广泛，既有“真毅力、真坚持”“爱劳动、爱运动”“课桌文化”“居家自律”这样的好习惯培养建议，又有时间管理、压力管理、学科学习等方法论，心理调适、家风、中国节日、节气故事等主题，还有诸如母亲节、父亲节等节日教育和生命教育，以及对“假努力、假勤奋”的提醒，提倡多阅读养成终身学习的习惯，这些书信是黄校长每天的教育心得，以教育随笔的形式表达出来，达到自己和学生每日精进的目的，用不一样的方式让教育浸润，用这样的方式陪伴学生的成长，这也是教育的精髓，故书名《暖言润心——校长寄语陪你成长》，很真、很实，展现了教育的不急功近利，展示了陪伴教育的魅力，彰显了教育的情怀，让教育有温度，办温暖人心的教育。

“请问想老师了吗？想同学们了吗？想校长了吗？想回学校了吗？我是特别想念你们、牵挂着你们的！”该书以亲切的口吻，深入浅出的道理，结合古今中外和最新发生的鲜活事例，谈“像蚂蚁一样工作，像蝴蝶一样生活”的生活态度，谈健康心理素质养成，谈科学对待作业、对待谣言，以及礼遇抗疫英雄、有善有爱等为人处世之道，如长辈之私语，娓娓道来，循循善诱，所以这更是一封封情真意切的教育家书。

在本书中，校长从不同角度、不同层面阐述了学校“办温暖人心的教育，让学校有故事可讲”的办学理念，引导学生实现“三管四品质”“三趣六目标”；多次通过大量的案例，用夹叙夹议的方式，引导学生正确看待上半年的新冠疫情，帮助他们认识我们的国情与制度的优越性。他说，由此足可见中国的优秀、温度、格局、智慧、大国的担当。“为什么我的眼里常含泪水？因为我对这土地爱得深沉。”此时此刻，用艾青的这句诗表达我们内心的感受再合适不过了。同学们，冬天已过，春天还会远吗？孩子们，让我们心怀感恩之心、致敬之心、敬畏之心，不负韶华，修好“戈矛”，学好本领，成就未来，贡献祖国，做暖心、真诚、智慧、有担当的新时代奋进者。这些话读起来掷地有声，震耳发聩，引起读者的强烈共鸣。

习近平总书记强调，基础教育是立德树人的事业，要旗帜鲜明，加强思想政治教育、品德教育，加强社会主义核心价值观教育，引导学生自尊自信自立自强。要把立德树人融入思想道德教育、文化知识教育、社会实践教育各环节。所以一定程度上，这本书也是立德树人的教育实践论。

十年树木，百年树人，教育需要坚守者，所幸遇见。

是为序。

广州市少先队总辅导员、
广东省先队工作学会副会长　张海波
2021 年 7 月

序　二

——“爸爸型”校长的成长历程

初识黄培杰校长，源于三年前广州市教育局组织的秋季开学的校园采访活动。当时的学校是新开办的，并且是首次打开校门迎接学生、家长乃至客人。举办活动那天的黄校长无论是衣着还是自己的职业生涯，亦如崭新的教学楼一样，都是一个全新的状态。

采访中，黄校长坦诚的话语令我至今记忆犹新。他说：“身为一名老执信教育工作者，定会以实际行动将百年的执信精神传递出去，让每一位老师、学生和家长不仅了解执信精神，更为重要的是还要在学习生活中践行。”不难看出，执信精神早已根植于他的骨髓里，也有时代和自身家庭赋予的成长烙印，更有一个资深教育工作者的情怀和使命。因此，也就不难理解他为什么会如此爱校如家、爱生如子，会那么执着于家庭教育的研究并身体力行地推广。

时光荏苒，学校自创办至今也满“三岁”了。三年来，学校的家庭教育指导工作做得非常扎实，得到了很多家长的认可，影响了很多家庭，感动了很多人。

面对这些，黄校长总是安之若素，经常调侃自己说：“不知道是不是学数学的关系，面对成绩和荣誉都比较理性。”不过他自己也承认，为了兑现自己当年许下的承诺，文字为证，他把精力和时间都给了“家庭教育”。

三年前，为了有效完成招生工作，黄校长在基本了解掌握了生源以及大部分学生家庭的实际情况之后冥思苦想了很多对策，是否能够逐一实施他还不能得知，但是即使如此，他依旧坚定信心，那就是无论怎样都要从家庭教育入手，通过学校有温度的教育渗透去影响那些年轻的父母，让他们明白，要想教育好一个孩子，父母首先要接受与育儿相关的专业学习，学做最好的自己，充分发挥榜样的力量；懂得孩子的成长，除了保障物质生活之外，更需要高贵的精神财富，而这些财富需要学习而得；还有就是让他们懂得有效的教育来自于家庭，一定不能忽视文明家庭的建设，一定不能忽视孩子的身心教育，一定不能忽视孩子的生活教育……为了给孩子营造一个幸福的童年，只要能想到的，他都在实践中做到了。开学礼，他要求父母一起走红地毯，不知兴奋了多少家庭；逢年过节，各种体现仪式感的亲子活动如期而至，不知影响了多少家长；专家讲座系列化、体系化、科学化；每当遇到孩子出现问题，他会亲自上阵，不但“教训”学生，连家长也不放过，遇上比较难搞的问题，他还会主动请专家到校调解。一言蔽之，除了学校工作，他满脑子都是怎么做好家庭教育的问题，如何为孩子一辈子的幸福做奠基。

因职业所需，我亦经常游走于广州市乃至广东省家长学校，大多数校长都会高度重视家长学校建设或者家庭教育抑或家校共育工作，但像黄校长这样热衷于家庭教育探索、潜心用心做研究、将做好家庭教育视为己任、倡导并践行的校长还真不多。实际上，最令人感动的还不只这些，还有他为了引导家长做得更好，自己笔耕不辍，也正是这种“孺子牛”的精神，让他拥有了自己在家庭教育领域方面的“处女作”，希望这本“处女作”能够影响更多的家长和家庭。如此，说他是一位“爸爸型”校长一点也不为过。

广东省家庭教育研究会副秘书长、
广东省中小学德育研究会副秘书长 祁丽珠
2021 年 5 月 29 日

前　言

古有鸿雁传书，诗得春风入梦；今有校长寄语，意表见字如面。庚子年伊始，“黑天鹅”不速之客降临，我亲爱的学子宅家状况如何？古有书信传佳音，书信传情思，如今我萌发书信陪伴成长的想法，寄语融合教育，言语浸润灵魂。

经历了2020年一整年的洗礼和磨砺，我们终于守得云开见月明，见证了中国的坚定和顽强，见证了中华儿女不屈的脊梁，见证了英雄的史诗闪耀，见证了自己成长为有担当有责任之人……

在这本书里，我以校长的角色向孩子们、向读者们展示生而为中国人、身而为合格青少年的自豪与骄傲、责任与勇敢。我用亲切的口吻、以“爱你们的朋友”的身份，拉近和孩子们的距离，消除与孩子们的隔阂，感受孩子们的立场和视角，用平实朴素、简单易懂的语言，深情款款地为孩子们提供了在学生时代应有的精神面貌和道德品质，树立榜样精神以供学习，助孩子们成长为新时代好少年。同时本书也在家校共育方面提供了有借鉴和参考意义的指导与方法，帮助家长更好地了解学校的育人理念并配合学校共同完成对孩子成长阶段的教育与关怀，帮助家长更好地走进孩子的内心，了解孩子的所思所想所感，从共同点中找特点，以便有针对性和更有效地助力孩子成长成人。

见字如面，暖言润心，校长寄语陪你成长——即使艰难险阻，我们依然阔步向前。2020年是中华儿女共战“疫”的一年，防疫成为开年之际最重要的话题和任务。本书收录了在2020年自初春战“疫”至夏季返校复课期间，校长给孩子们的殷切叮嘱和坚定信心，抓住线上教育契机和同学们共进步、共学习，把危机变为机遇，从2月17日线上教育启航仪式起，在不同主题的战“疫”期间，每日寄语以及针对不同年级学生的校长每日金句，为孩子们、家长们提供了良好的学习方式和家庭教育建议。

在此期间还有校长共寄予孩子们的四封书信，希望孩子们怀感恩、敬畏之心，不负韶华，修好“戈矛”，誓做新时代真诚幸福的奋进者。此外还包括两篇不同的《守望相助——防疫三字经》宅家学习防控版和返校复课版，面向不同时空的变化，用轻松的形式号召学生及家长宅家不添堵、不聚堆支持抗击疫情，为师生们提供了切实可行、有效实用的防疫方法。朗朗上口，让孩子们在做好自己的同时也影响带动他人积极配合国家抗疫。

“殷忧启圣，多难兴邦”，转“危”为“机”，在于同学们能把磨难变为前进的动力，而在这个过程中，校长的寄语总会在每天清晨准时出现，陪伴大家开启每一个努力的日子，提醒着大家慎独自律、平静踏实、独立思考、获得爱与力量。殷殷寄语，段段深情，通过字里行间倾注我对学生的心血和牵挂，这种师生间的羁绊，已然越过了新冠病毒的阻挡，将彼此牢牢牵引。

见字如面，暖言润心，校长寄语陪你成长——以劳育美，以美启智，以智养德，五育并举，创造最美的人生。在校长的寄语中，也不乏身为一校之长对学生们的殷切希望，所以本书还收录了校长在德育、体育、劳育等多方面的启发智慧，如“礼遇抗疫英雄”“创造生活仪式感——写在卫生日”“打造‘最美书桌’”等。

见字如面，暖言润心，校长寄语陪你成长——著名哲学家罗素说过：“自动且毫不费力地爱许多人，才是幸福最大的来源。”校长是认可的，也是这样做的。在本书的寄语里，校长深知自己要有责任担当，关注师生的心理健康，做教育者要有的放矢，遂将自己对人、对生活永远都是火热的这种态度传递给孩子们，在孩子们迷茫困顿的时候给予心理疏导和沟通，做孩子们的知心人和答惑解疑的大朋友。

见字如面，暖言润心，校长寄语陪你成长——问渠那得清如许？为有源头活水来。中华优秀传统文化博大精深、源远流长，是中华民族不断发展壮大的精神命脉，是我们在世界文化激荡中站稳脚跟的根基。弘扬优秀传统文化，在本书中也有很好的体现。寄语中对于如春节、端午节等传统节日的相关习俗加以介绍，对如孝亲敬老、尊师重教等中华传统美德加以宣扬并号召孩子们学习践行，对《论语》《离骚》等传统经典进行赏析与分享其中的现实意义。另外对于社会主义核心价值观的落实、对现代节日中我们能够发扬的精神、感受的力量都加以解读。

本书是我多年来教育经验的积累和汇总，作为校长我秉持“办温暖人心的教育”的理念，书中的每一篇寄语都来自我自线上教育以来至今给学生们写下的寄托和叮嘱，不仅仅是在疫情期间给同学们加油打气、坚定信心、同舟共济，更是在其中传递了希望同学们“生活有乐趣、学习有兴趣、人生有志趣”，做开心快乐少年、儒雅创新人才。

书中的寄语倡导五育并举、全面发展，就是希望同学们主动将未来的自己与未来的祖国联系在一起，从现在出发，在德智体美劳中全面发展，成为德才兼备、动静结合、修身养性、知行合一的有为青年。此外，书中穿插了我“校长爸爸说”系列的“每日金句”，配合每日寄语，用简单的句子传达对学生们做人做事的期望和要求，耳濡目染、短小精悍、方便记忆。

本书同时也适合作为家庭教育亲子读物，供家长和学生一起阅读，用读寄语的方式创新家庭教育，分享成长故事，积累成长点滴，有利于家校共育，营造温馨和谐的教育、成长环境。该书内容广，有生活常识普及，有中华传统文化的传承，有励志故事，充满正能量，若能坚持每日读一篇，能愉悦心情，增进感情，提升自己，收获和谐的家庭氛围。

“夫以铜为镜，可以正衣冠；以史为镜，可以知兴替；以人为镜，可以明得失。”我是这样想的也努力这样做，如今我希望能够将自己的故事和经验分享给有需要的读者们，希望读者们能够带着爱与期望，勇敢坚定，踏实前行。

守望是一种教育，守望是一种陪伴，守望是温暖的，守望是静待花开，我时刻陪伴大家成长，敬请读者赐教斧正。

黄培杰

2020 年 12 月

目　录

字里行间　寄语情真

我在书中陪你成长 …… 3

纸短情长　共同战疫

致全校师生的一封信 …… 7
不负韶华，修好“戈矛” …… 9
誓做新时代真诚幸福的奋进者 …… 12
平凡的生命，创造最美的人生 …… 15
《守望相助——防疫三字经》陪伴居家学习 …… 17
礼遇抗疫英雄 …… 18
疫情面前的预则立不预则废 …… 19
疫情期间的自我坚守 …… 20
疫情下返校复课前的小提示 …… 22
喜迎返校复课，开启全新状态 …… 24
做好线上教育收尾，精神饱满重返校园 …… 25
理性面对疫情 …… 26
生而为人，做中国脊梁 …… 28
青年心系祖国 …… 30
钟南山语录分享 …… 32

节日气氛　节气传统

中国的传统节日 …… 37
春节那些事 …… 39

学习雷锋精神 …… 41
植春之希望，筑绿意家园 …… 42
清明节追思 …… 44
传承好家风——写在清明节 …… 46
创造生活仪式感——写在卫生日 …… 48
做好准备，遵守规则——写在全民国家安全教育日 …… 49
珍爱地球，人与自然和谐共生——写在世界地球日 …… 51
与书为友——写在世界读书日 …… 53
奋斗是青春最亮丽的底色——写在青年节 …… 55
母亲节寄语 …… 57
致敬最美白衣天使——写在护士节 …… 59
小得盈满——写在小满 …… 61
童心未泯，青春不老
——做好“三管”，拥有“四心”，实现“四好” …… 63
再见，红领巾！ …… 65
致美好的父亲节 …… 66
夏至 …… 68
端午读屈原 …… 70
远离毒品，珍爱生命 …… 72
传承共青团红色基因，不负青春使命 …… 74
“七一”感怀 …… 76
谁是最可爱的人 …… 78
师恩似海 …… 80
明月千里寄相思 …… 82
别样的冬至，别样的生活 …… 84

以德启智　启智润心

享受学习过程的快乐 …… 89
如何克服自己的“不自律” …… 90
学习的内涵 …… 92
学而知之 …… 93
做高效的“真”勤奋者 …… 94
重视过程，追求目标 …… 95
像蚂蚁一样工作，像蝴蝶一样生活 …… 97
作业的爱恨情仇 …… 99

用奋斗迈向梦想 …… 101
做时间的主人 …… 103
读书铸就美的人生 …… 105
让优秀成为榜样 …… 107
日记：积累点滴，记录生活 …… 109
考前紧张与压力 …… 111
考前复习指导 …… 113
以精彩生命为镜 …… 115
规划促成长（一） …… 118
规划促成长（二） …… 120
正视焦虑 …… 122
《论语》为人处世之智慧 …… 124
分享《尚书》中的美句 …… 126
分享《朱子家训》中的美句 …… 128
精进来自不断修炼 …… 130
学竹子精神，做幸福奋斗者 …… 131
成功始于努力与积聚 …… 132
龟兔赛跑给我们的启示 …… 133
我们是这样过假期的 …… 135
追求学习的乐趣 …… 137

以劳育美　以美养德

以劳育美，劳动浸润 …… 141
体育让我们更美好 …… 142
生活要有仪式感 …… 145
打造“最美书桌” …… 147
诚实守信讲真话 …… 148
静以修身 …… 149
生活有兴趣 …… 151
懂规矩，敬畏规则 …… 152
以礼为人，以礼待人 …… 153
不挥霍，勇承担 …… 155
人生幸福有没有标准 …… 156
做正确选择，不忘初心 …… 157
依靠与依赖 …… 159

读小故事悟爱的道理 …… 160
有包容之心而不应有报复心理 …… 162
舒服是与人交往的尺度 …… 164
做一个善于聊天的人 …… 165
勤俭节约不浪费永不褪色 …… 167
简单而唯美 …… 169
换位思考，将心比心 …… 171

感念师恩 学生们说

共育共进 家长来信

明德启智，笃行致远 …… 183
智慧同行，乘风破浪 …… 185
桃李满天下，芬芳自有时 …… 188

字里行间　寄语情真

我在书中陪你成长

亲爱的同学们：

大家好！

当你翻开这本书的那一刻起，我们就注定结下了妙不可言的缘分。传承着“教育家”的精神，沐浴着教育春风，勇担“培养祖国建设者”的使命与责任，我努力做到用不一样的方式陪伴大家的成长。你的加入，充实着我们每一天的生活，坚定了我们乘风破浪的信心！

选择既是一段总结，更是一个起点，你选择的学习生活方式将是你紧握在手的美好明天。希望你在这里追求真善美，养成“三管（管好自己的嘴、手、腿）四品质（自信阳光、刻苦创新、学会尊重、诚实守信）”，培养“三趣（生活有乐趣、学习有兴趣、人生有志趣）六目标（说一口流利英语、写一手好字、喜欢一两种运动、懂一两种乐器、烧好四菜一汤、有责任担当懂感恩）”，拥有幸福生活一辈子的能力；希望你在这里养成“君子不隐其短，不知则问，不能则学”的终身学习能力与习惯；希望你在这里更懂得情分可贵、生命至上而怀有敬畏之心。

在这里，我们会深深感受到书信的文化气息，书信的不一样的陪伴，传承与创新，传统与现代；在书中，我们会领略君子之不隐其短，不懂则要问，不知则要学的决心；在书中，我们会拥有阅读的广阔空间，养成悦读的习惯；在这里，我们会有增强开心上学、快乐回家的力量；在这里，我们会与上进善良的同学为榜样，与书为友；在这里，我们的天性得到保护，个性得到更好的发展，社会性会得到更好的培养。在这里，我们每一天都在书写、演绎着教育、温馨、感动的故事！这里绝对是有温度的、温暖人心的陪伴教育和健康成长；这里有助于我们走向成功，走向幸福人生的摇篮！就让我们打开书中的钥匙，开启每一天的阅读，收获不一样的成长。

梦在前方，路在脚下，踏浪而行，涛声不息。让我们共同拥有成长的快乐，响应梦想的号召，领略学习的魅力，感受生活的美好，在追梦路上，遇见最美的自己！

我在这里陪你成长！

爱你们的校长朋友：黄培杰

校长每日一句

生命因自然而弥足珍贵；生命因敬畏而积极发展；生命因超越而幸福完整。

纸短情长 共同战疫

致全校师生的一封信

尊敬的全校教职员工、亲爱的同学们：

正值大年初五，我首先祝大家新春快乐、身体健康、阖家幸福！

近日，新冠肺炎疫情牵动着所有人的心。我校就新冠肺炎专项防控成立了工作小组，启动了疫情防控预案。为进一步做好疫情的联防联控，特此致信温馨提醒大家：

积极响应国家、地方政府和教育部门的号召，加强防护，科学防范，远离病毒。认真学习疫情防控知识，密切关注自身健康，养成良好生活习惯，做好通风保暖，避免感冒；做好个人防范和保护措施，勤洗手，戴口罩；多饮水，清淡饮食，营养均衡，不食用生的或未熟透的动物产品，尽量避免在未加防护的情况下接触野生或养殖动物。近期减少外出。尽量避免到封闭、空气不流通的公众场所和人员密集场所；尽量避免参加聚集性活动；尽量减少走亲访友，提倡短信拜年、电话拜年、视频拜年。

理性对待疫情，保持良好心态。不恐慌、不焦虑、不造谣、不信谣、不传谣。

配合疫情防控，科学安全就医。近期如果有进出疫区经历者，回穗后应进行 14 天的医学观察；如有密切接触确诊或者疑似病例史，要及时报告学校老师或领导，并前往相应居委会或街道进行登记。如出现发热、乏力、干咳、呼吸困难或其他不适症状，请戴上口罩、做好防护，立即就近到本辖区指定发热门诊就医，早隔离、早治疗。

假期中，已经有很多老师主动督促学生们按时学习、作业打卡、锻炼身体、提高体能，做到了日不荒废、日有所学、日渐精进。如果延期开学的话，学校、老师会将相关教学资源和学习材料等，以同步练习、同步课堂等方式，利用网络等信息化手段，供同学们在家使用，保证教学，安排好同学们的学习计划。停课不停学，为各年级的孩子们在家中学习提供保障。学习不休，进步不止！

疫情面前，隔离病毒不隔爱。我们不能把武汉人、湖北人当作“异类”，大家在防御疫情时要做好鉴别和隔离观察，理性对待他们，关心关爱他们。

当前学校已经启动了学校疫情防控方案，根据教育局安排，全校所有师生员工近期信息如实上报。在防控期间，将对所有入校人员、车辆进行排查和登记。无特殊情况不回校。请大家按照要求，积极配合。

请大家坚信：相信并遵守相关要求，齐心共战抗疫情，放心家校配合赢！我们一定能够打赢这场疫情防控战！

在此，请大家读一读《三字经》，让我们一起共勉：

抗疫情，需众志；
防疫情，应要求。
我做起，不添堵；
有担当，尽职责。
须外出，戴口罩。
宅家中，做家务；
煮美食，练手艺。
孝长辈，享亲情；
阖家睦，彰暖心。
重锻炼，身体棒。
若停课，学不停；
虽放假，打卡练。
线上学，持阅读；
提品质，习不停！
能遵守，会进步。
挺武汉，祖国行，
有信心，必胜利，
齐开怀，众志城！

最后，再次祝老师们新春快乐，阖家幸福！祝孩子们天天向上，学习进步！

校长：黄培杰

校长每日一句

一个品质高尚的人，永远是年轻和美丽的。

不负韶华，修好“戈矛”

亲爱的同学们：

你们好！

纸短情长，见字如面！请问想老师了吗？想同学们了吗？想校长了吗？想回学校了吗？我是特别想念你们、牵挂着你们的！

我聪明的孩子们，自从2月17日我们开展“以劳育美，以美启智”线上线下活动以来，收获满满，点赞不断；同学们在网络空间学到了知识，在线下活动中得到了锻炼，生活技能得到了学习与提升。同学们线上学知识，与老师同学们相遇于网络，线下提笔写大字，练好字；放笔干家务，做美食，孝顺长辈；共享快乐和谐暖人心的家庭生活，从中领悟到父母平日里的不容易与艰辛，父母也因看到大家的懂事、进步而高兴。你们每一天坚持体育运动锻炼自己的体魄，用舞蹈、美术、书法抒写成长的经历，表达对白衣天使的致敬，对抗疫英雄的致敬。我看之亦甚是高兴，为你们的进步、懂事而感动，为之骄傲与自豪！

我亲爱的孩子们，“学习不休，进步不止”，我想此时大家更应该懂得这句话的真正含义，只要我们肯登攀、肯尝试、肯付出，相信一切都是会有收获与回报的。平常学校要求大家做好“三管”培养“四品质”，让大家要具有“三趣”掌握“六技能”，此时此刻，我想聪明的你一定明白学校的良苦用心，懂得其中的目的，领悟其中的奥妙。我更有信心让大家做到并践行之，我也更相信大家必定能学得并回馈之。

我明理的孩子们，疫情犹在，学子宅家，网络互联，不因疫情而耽误大家的学习；师者心忧，不因疫情而忘教，不忘传道授业；父母心暖，不因疫情而埋怨心躁，而是耐心辅导与监督检查，与大家共同完成亲子学习、亲子活动、亲子阅读。疫情面前，我等不怕，虽无为国分忧之力，但存忠贞报国之志，当以劳我身心、强我筋骨、炼我心志、丰我羽翼为己任，学英雄之勇，习大家之智，寄家国情怀于书中，存智慧学识于笔尖。此时志更坚，心更强，智更富，赓续民族之大爱，勇担振兴之重任。

我懂事的孩子们，线上虽一节课仅有20分钟，但你们知道吗？这20分钟背后蕴藏着老师们多少的心血与爱心，承担着多少厚望与责任。老师们为了让20分钟的收获最大化，备课时间是平常的几倍，为了精讲易懂，老师们查阅大量资料，为了技术保障，老师们想方设法创造上课条件，这20分钟凝聚了无限的心血与厚爱；为了了解大家学得怎样，通过作业的形式反馈，更好地调整下一节课。老师整一天中的大部分时间都对着电脑工作，做课件、查阅资料、批改作业，眼睛都红了。有些老师虽因光的刺激还流着眼泪，仍然为了大家，毫无怨言继续工作。说到此，我相信大家一定会为老师们这种精神而竖大拇指，而感动点赞！相信大家一定会认真自觉听课，要对得起老师无私无我无畏的奉献，我更相信大家一定会认真做作业，书写工整，不要让老师的眼睛太疲累。我相信你一定会做到，会做得更好！

我勤奋的孩子们，3月2日起，我们要在前阶段的基础上进行线上教育。为了能让大家如期拿到教材，这几天，班主任、老师们日夜加班，把课本分好、打包、邮寄，多暖心的行为啊！我相信当你拿到课本，就会感到这不是一般的课本——是暖心的课本，有温度的课本，所以同学们一定要好好珍惜、爱护，要勤奋学习，这样才对得起这份“爱”。线上教育，更希望大家自觉、自律，能沉住气，静下心学习。若大家能倘然处之，若能认真对待线上学习，若能用心、勤奋、自觉，我相信你在不久的将来回到美丽的校园时，一定会遇到不一样的自己。我也相信，你回到学校也一定会看到校园会更美丽，以全新的风景迎接大家回校。线上学习这段时间，可以看到大家是有责任担当、有爱心的少年，是忠诚的粉丝；看到老师们是有温度、有爱心责任心、有仁爱的博学主播；看到家长是热心的、暖心的、开心的陪伴者。我相信在接下来的日子这些会演绎得更生动，会书写出更感人的故事。博古中外，成功人士，都是能潜下心来的人，如乔布斯与同伴不厌其烦地在一个小屋里专心研究，在随后的几年时间里便成为苹果公司的创始人；牛顿也曾在读大学期间，因疫情在老家自我隔离，那时他加强了微积分、万有引力和光学的研究，最后发现了大家熟悉的牛顿三大运动定律、万有引力等。牛顿后来说：“在那些特殊的日子里，我正处于创造的旺盛时期，我对于数学和哲学比以后任何年代都更为用心。”看到此，你肯定会认真思考在接下来的日子如何度过“宅家线上教育”的日子了吧，我相信你更会在这段时光里自觉、自律，思维更敏捷、更勤奋，为将来的成功奠定不可替代的基础。

同学们，疫情面前，我们更可以感受到作为中国人的自豪与幸福。疫情暴发后的第十天，就建成火神山医院与雷神山医院，足可以见证中国人民的智慧及中国速度，让世界赞叹！4 806人的“歌诗达赛琳娜号”邮轮，天津只用了24小时，完成全部检测、疏散、安置，一切井然有序，安稳进行，堪称奇迹救援，由此可见中国的优秀、温度、格局、智慧、大国的担当。“为何我眼里常含泪水？因为我对这土地爱得深沉。”此时此刻，用艾青的这句诗表达我们内心的感受再合适不过了。同学们，冬天已过，春天还会远吗？

孩子们，让我们心怀感恩之心、致敬之心、敬畏之心，不负韶华，修好“戈矛”，学好本领，成就未来，贡献祖国，做暖心、真诚、智慧、有担当的新时代奋进者。

谢谢！

爱你们的校长朋友：黄培杰

校长每日一句

善良的心，无悔生活一辈子；童年的心，年轻生活一辈子。

誓做新时代真诚幸福的奋进者

亲爱的同学们：

大家早上好！

经过一个漫长的寒假，今天我们用特殊的方式，在不一样的空间见面了。首先我谨代表学校祝全体身体安康，生活甜蜜，学习进步，鼠年威猛，畅通无阻！

2020，爱你爱你，真的在新年伊始，让我们就体会到爱你三千遍都不够，让我们感受到人间的大爱、人间的真情。2020 年，注定是让我们刻骨铭心的一年！

2020，虽然严冬还未散尽，冰雪还未消融，但我们始终坚信，春阳终会拨开云雾，万物终能尽显生机。

2020，庚子新春，新冠病毒肆虐席卷中华大地，九省通衢之城承受着每日确诊病例数的增加。在广州，我们也能深切体会。抗击疫情需要万千百姓众志成城、万众一心。我们要有共同的使命和担当，要有自觉的义务与责任，要有善良的同情与共情。

2020，更让我感到欣慰的是：在疫情面前，我们全体学生、教师、家长不畏缩，不恐慌，不传谣，不信谣；相反，我们更是冷静淡定，积极响应号召要求，参与科学防控，参与宣传，书信于白衣天使、湖北小朋友们，表达我们的感恩，与他们一起勉励；用手抄报、视频、快板，或自创歌曲演绎学校《防疫三字经》为武汉、湖北加油打气；家长、学生也纷纷献出爱心，尽自己微薄之力尽责任担当，全体师生通过行动表明自己的决心及相信中国必胜的信心。这正是我们的品质担当，这正彰显了我们的暖心及温度，这正表明了我们是生活的主人、未来的主人。

此时此刻，我们举办的这场不一样的启航仪式，不仅仅是因为用屏幕和网络代替了相聚一堂，还因为我们正在没有硝烟的战场上力所能及地贡献着自己的力量。学校全体教师和学生，正心连心、肩并肩站在一起，用互联网织出我们的团结网，休戚与共，命运相关。

回顾过去，中华民族历尽沧桑风雨，挺起华夏脊梁站起来，波澜壮阔，淬炼文明之光。如今我们作为共和国新鲜的血液、新活的能量，响应祖国号召，砥砺前行。面对当前，我们誓做新时代真诚幸福的奋进者。面对局势，我们更应该努力做到以下四个方面。

第一，做暖心的奋进者。在疫情中，中国人民感受到了来自国际“山川异域，风月同天”“岂曰无衣，与子同袍”的温暖。在疫情中，我们感受到了来自师生、家长们勇于担当、勇于奉献的温暖。新冠肺炎疫情发生以来，学校及时行动，积极反应，上下一心，全力应对，响应国家保护人民生命安全和身体健康的冲锋号，打响疫情防控的阻击战。学校采取了高效、公开、透明、可行的举措。虽然是在寒假期间，学校的值班教师们却毫无怨言、尽职尽责、按时到岗、认真上报；门岗的保安同志们和保洁阿姨们默默地奉献着、守护着校园这一方土地。虽然是在寒假期间，班主任们时刻关心学生们的健康和出行，教师们用线上解疑和打卡收获为人师长的幸福感和责任感。虽然是在寒假期间，家长们即使承受延迟复工、在家办公的压力，也能让亲子时光更温馨、更幸福，同时向学校捐赠所需防疫物资；同学们即使在家也坚持运动，诠释生命不息运动不止，用彩笔绘制的一张张防疫手抄报、用妙笔书写的一封封给武汉小朋友的信展现了我们抗疫的决心与信心，用真心呐喊“中国加油”“武汉加油”的录制视频彰显了不屈与乐观。在这里，我为你们点赞！同时感谢你们在这个不平凡的寒假中贡献的力量、你们的配合与担当！

第二，做尊重科学的奋进者。我们必须记住眼前的苦难，是为了铭记这场灾难中牺牲了生命、敢说真话的吹哨人；是为了哀悼在这场疫情中不幸逝世的患者；是为了致敬在这场战役中坚持逆行的白衣天使；是为了再多看一眼那些满怀着希望与信念的医院建筑工人；是为了感谢在物资短缺、技术设备紧张的时候四处筹资也不发国难财的商人及名人；是为了肯定那些坚信胜利与美好的百姓们；是为了当出现歧视和污名化现象、出现不实信息和谣言时，能够澄清事实、理智等待的同胞们。在苦难面前，我们可能随波逐流，但永不会有人能够置身事外。我们需要总结经验，珍视抗击疫情中凝聚的力量；检视不足，共同寻找解决的方式方法。在苦难面前，我们能看见闪烁着的人性的光芒，让人热泪盈眶；看见傲岸高洁冲锋挺立的脊梁，无惧无畏，一往无前。我们要尊重科学，相信科学，学习科学，致敬钟南山、李兰娟院士挂帅远征，致敬张定宇院长在金银潭医院坚守战场，致敬一群白衣天使穿上防护服奋战在一线。面对疫情，我们相信的不仅仅是中央的领导和全民的响应，我们更尊重并期待的，是科学的防控，是疫苗的研制，是精准的检测，是真相的更新。所以同学们，学习不休，进步不止，希望你们用知识充实头脑，用理性找到方向，用科学走得更远。

第三，做幸福的奋进者。自觉地向前奋进，崇尚友善的奋进者，必定是幸福的。奋斗是解锁奇迹的密码，是打开幸福之门的钥匙。通过这次疫情，我们切身感受到，一张书桌的来之不易，不能只安放没有思想、没有感情的大脑。我们要有“千磨万击还坚劲”的坚韧毅力，要有盎然的生机、轻盈的步履、勃发的正气，要有付出的从容与无畏，要有收获的骄傲与幸福。让我们从自己、从现在起，不断地完善充实自己，让自己成为幸福的奋进者。

第四，做惜时守时的奋进者。时间对于每一个生活的积极者、激情者、奋进者是极其需要的，当前更是可以看到惜时守时的意义。勤奋者，抓紧时间；懒惰者，消磨时间；有志者，珍惜时间；无为者，浪费时间；忠诚者，遵守时间；投机者，等待时间；聪明者，积累时间；愚昧者，忽略时间；求知者，利用时间；无知者，荒废时间；实干者，重视时间；浪荡者，践踏时间；谦虚者，赢得时间；乐观者，赞美时间；悲观者，叹息时间。

亲爱的老师、同学们，我们无法避免灾难，我们却能做好自己，我们无法预知未来，但我们可以掌握现在。今天，我们以网络代替了会面，用显示屏代替了黑板，准备开始我们的线上学习。我相信只要大家做到“三管”，就能守住自己的心。这对你们都是新的挑战，没有老师监督、没有家长敦促，在“无人之境”，你还能不能做好你自己？我相信，我们每一个孩子，都可以！

此时此刻，我更希望大家依然保持我们的“三趣”：生活有乐趣（多劳动、多运动）；学习有兴趣（多阅读、多练字、多朗诵）；人生有志趣（胸怀家国天下）。我们不是局外人，现在不是，未来更不是！

老师们、同学们，生命重于泰山，疫情就是命令，防控就是责任。守好“责任田”，护好“一校人”，学校会及时向师生发布疫情防控相关信息，我们团结一心抗击疫情。请大家有信心、有耐心、有责任心，誓做万众一心的战士，誓做新时代真诚幸福的奋进者。我们定会同舟共济，守望相助，无畏风雨，勇敢前行！

谢谢！

爱你们的朋友：黄培杰

校长每日一句

劳力劳心，亦知亦行。

平凡的生命，创造最美的人生

亲爱的同学们：

大家早上好！

今天，是我们期待许久的日子，回想过去这几个月，让我们刻骨铭心，让我们懂得珍惜，让我们明白今天返校的不容易，更让我们懂得生命的可贵与价值。

同学们，今天我们回到美丽的校园了，我见证了它的来之不易，我感到你们真的很幸福。为了你们能顺利回校，从上到下，操碎了许多人的心，为的就是保障你们的安全，为你们保驾护航。所以，我觉得我们没有理由不遵守一切的规章制度及规则；我们没有理由不做善举、心怀感恩；我们没有理由不包容他人、理解他人、体谅他人；我们没有理由不努力学习回报社会。相比他们，我们现在在学习上碰到的困苦都不算什么，所以我们更应该有自觉、自律，有责任担当，要懂得尊重自然，敬畏生命，心怀感恩，直面人性，审视自我，致敬英雄，牢记使命担当。

人生一世，草木一春。如同著名作家三毛曾经说的："好好地活下去，快乐是第一要素，胸襟是基础，体谅他人，是有学问的另一种解释。"好好地活下去，意味着要珍视我们的生命，即便这生命在别人看来是微不足道的。快乐是活下去的第一要素。当然快乐从来就没有一个明确的定义。金榜题名时，他乡遇知音，久旱逢甘露，把一道题解出，做一件好事，帮助过他人，理解体谅他人等都是快乐的事。胸襟是基础，对于心的境界，我们所能够给出的最高赞语就是：丰富的单纯。正因为如此，牛顿才知道自己只是站在巨人肩上看世界的孩子，对世界永葆一份儿童般单纯的心灵，自己容易快乐，别人也可以感受到你的快乐。让世界充满笑和爱，正中下怀。

尊重生命是一种情感。一个人如果只明白自己在活着而不明白自己活着是为了什么，那从何而谈尊重生命呢？一个人如果只以自己为轴心，不明白个体必然要受到社会的制约，那他既不会尊重别人，别人也不会尊重他。因此，我认为尊重生命要从平时的点点滴滴做起，在别人成功时你给予欣赏，在别人失败时你给予鼓励，由这些细枝末节堆砌出生命这座宏伟的大厦。生命的价值在于奉献，或如石桥长久默默地付出，或如彩虹展现瞬间的美好——只要你肯奉献，那么生命便是可贵的，因为每个人只拥有一次。生命是永恒的，因为它为民族、为正义、为真理、为理想而辉煌。生命是平凡的，也是神圣的，所以我说："生命因自然而弥足珍贵，生命因敬畏而积极发展，生命因超越而幸福完整。"

新冠疫情给人类带来了灾难，也让我们更深刻地认识了人与自然、人与国家、人与社会的关系。不仅如此，新冠疫情也为我们上了一堂"人与自我"的生命之课。人是自我生命的掌控者；但生命又不仅仅属于自己，每个生命都要扛起属于自己的责任，人最宝贵的是生命，生命属于我们只有一次。我们可以努力增加生命的长度，也可以不断拓展生命的宽度；我们可以让生命晦暗无光，也可以为生命涂抹上绚丽的色彩。病毒袭来，尽管远离重点疫区，但我们依然响应国家号召居家隔离，不为别的，因为我们珍爱生命；尽管并不前往疫区，但是我们佩戴口罩，高度戒备，不为别的，因为我们珍爱生命……是的，珍爱生命是我们每个人的权利与责任。

生命是平凡的，但生命也因他的平凡而神圣，正因他的平凡而能创造最美的人生。当你宅家遵守抗疫号召时你创造了不一样的美；当你把书桌整理整齐也是创造了不一样的美，你的学习、生活的仪式感也就从最美的书桌开始；当你认真学习当然也就有了最美的学习身影；当你回到学校来，自觉遵守规矩要求并认真践行，你也一定会拥有最美的自己；当大家共同把宿舍、课室布置成最美的宿舍、最美的课室，我们就有了最美的校园，就拥有了最美的大家——最美好少年；当你热爱劳动、尊重他人劳动成果，你就会因劳动创造出美而更加热爱生命，你就一定会创造更美的未来、更好的人生。人生也就因你的奋斗、自律而变得亮丽多姿。

同学们，生命诚可贵，让我们人人珍惜生命。讲真，讲实，讲奋斗，讲奉献，以劳育美，以美养德，以德启智。

谢谢！

爱你们的朋友：黄培杰

校长每日一句

把手握紧，里面什么也没有；把手放开，你得到的是一切。

《守望相助——防疫三字经》陪伴居家学习

亲爱的同学们：

大家早上好！

明天起我们正式宅家进行线上学习了，我们也在为抗击疫情做贡献。我想，这时候我们更需要学习，因为只有这样，我们才有科学的知识，才有应对困难及灾难并取得胜利的能力。我们再来一起回顾我们的《守望相助——防疫三字经》（宅家学习防控版）：

抗疫情，需众志；防疫情，应要求。
我做起，不添堵；有担当，尽职责。
须外出，戴口罩；回到家，必洗手。
宅家中，做家务；煮美食，练手艺。
食不言，寝不语。孝长辈，享亲情；
阖家睦，彰暖心。重锻炼，身体棒。
平常心，善为乐，守住口，管好手，
练好腿，养四品。若停课，学不停；
虽放假，打卡练。线上学，持阅读；
提品质，习不停！讲效率，惜时间；
能遵守，会进步。挺武汉，祖国行，
有信心，必胜利，齐开怀，众志城！

相信这会给你线上学习带来力量。同学们，加油！

谢谢！

爱你们的朋友：黄培杰

校长每日一句

比天空更宽阔的是人的心灵。

礼遇抗疫英雄

亲爱的同学们：

大家早上好！

这几天大家都可以看到各地都用最高的礼遇欢迎英雄归来。这是中国实力的体现，彰显了大国风范、大国情怀；讴歌了无所畏惧，不怕死，不分你我，同舟共济，共克时艰的精神；这是不言败，不放弃，执着追求的胜利。

这种最高礼遇，一是中华人民共和国成立70周年，共和国以国礼礼待袁隆平、孙家栋、屠呦呦等“共和国勋章”获得者；二是湖北礼送抗疫英雄。他们是为共和国做出卓越贡献之集大成者，亦是于共和国于危难之际的勇敢逆行者。民族的发展，社会的进步，祖国站起来、强大起来需要英雄。一个英雄的民族需要更多的英雄，一个伟大的时代需要英雄。苦难之后，我们更自信苦难的记忆能成为兴邦的动力。

历史上那些伟大的人物都是如此啊，在艰难困苦甚至穷途末路时，仍然不放弃，不放弃希望，不放弃思考，坚守执着。孟子曰：“天将降大任于是人也，必先苦其心志，劳其筋骨，饿其体肤，空乏其身，行拂乱其所为，所以动心忍性，曾益其所不能。”

疫情终会过去，这次的经历，将会成为人生当中一笔宝贵的财富，大家一定会从优秀变得更加优秀！未来，肯定也有很多艰难险阻在等着大家，我相信大家一定将会用现在的勇气、执着、坚韧去粉碎它们！

谢谢！

爱你们的朋友：黄培杰

校长每日一句

道生于宁静；德生于谦和；慈生于博爱；善生于感恩！

疫情面前的预则立不预则废

亲爱的同学们：

大家早上好！

同学们，“开学了”已经进入了倒计时，此时看到这三个字眼更是令人兴奋与期待。学校也一直为大家返校做好一切准备并用最美的校园迎接大家的到来。我们从现在起就要经常问自己：开学了，我准备好了吗？在这个特殊的时期回到学校，更需要每一位学子自觉、自律，懂规矩，敬畏规则，遵守一切的要求及规章制度。因为保护了自己的安全也就是保护亲人、同学、学校和社会的安全，也就是保护了国家的安全。我相信大家一定可以做到的。

同学们，我们再来回顾一下，从测体温、填好登记卡、签名后出家门开始，我们要记得时刻都戴口罩，校门口测量体温，额温低于 36.8 ℃方可入校。入校后立即洗手，安静进入教室。课间各班级在指定区域活动，不串班、不聚集、不扎堆，教室多开窗通风。食堂错峰吃饭，就餐前排队洗手、打饭，间隔 1 米以上。就餐时，坐在有用餐标识的位置，间隔 1 米以上，用餐时才脱下口罩，不可交谈。晚上住宿的同学要准时回课室安静晚自习，按时回宿舍，按时睡觉，不聊天。同学们，我相信你们能做到，因为这是自我保护。保护自己，保护他人，人人有责。

同学们，凡事预则立不预则废。就我自己而言，我做任何事都是要做好计划和充足的准备的。因为我知道，人无远虑必有近忧。作为大家的好朋友、“校长爸爸”，希望你们都能做到我这样，甚至比我做得更好。

最后，我想问一下大家，开学第一天回到学校后，大家最想做的第一件事是什么呢？而我则一定会早早在学校门口迎接大家，如果允许，我一定会紧紧给你一个拥抱！

谢谢！

爱你们的朋友：黄培杰

校长每日一句

苦想没盼头，苦干有奔头。

疫情期间的自我坚守

亲爱的同学们：

大家早上好！

2020年这场突如其来的疫情，给我们按住了开学的暂停键，而我们的成长却没有停止。在这特殊的时期，我们懂得了真正的成长，学会了很多，当然也是对大家自觉、自律的考验。对于中学生而言，我们一定要具备以下几个健康心理素质，对当前及以后的学习、生活和成长都是必要的。

一、自觉。不把学习看成是负担，愿意学习，努力掌握知识技能，自觉完成学习任务，经刻苦努力取得优秀的成绩，能从自己的实际出发，不断地追求新的学习目标。

二、自持。情绪稳定、乐观，表现适度易控，不为一时的冲动而违反学校的纪律，不为学习中遇到的困难而焦虑重重，心境始终保持活泼、开朗、稳定、豁达，充满朝气。

三、自知。对自己的相貌、兴趣、体型、体质、生理特点、体能、气质、性格品德和智慧等方面都有比较全面的了解，而且清楚地知道自己的优点和缺点。

四、自爱。对自己的生理特征、心理能力及自己与周围现实的关系有清醒的认识。既不自我夸大，也不自惭形秽，对自己的评论能从实际出发，努力适应。

五、自尊。尊重自己也尊重别人，乐于与人交往，能与周围的人保持良好的人际关系。对老师、长辈尊敬且有礼貌，对同学信任、互敬、互爱、互助、互让，对儿童和残障者表现出同情、尊重、爱怜并给予热心帮助。

六、自强。相信自己的存在会对社会、对人民有价值、有意义。因此，确定远大理想，为了实现自己的理想，能从自己的实际出发，制定切实可行的生活目标，努力把自己锻炼成为德智体美劳各方面全面发展的人才。

七、自制。有道德和法制观念，遵守社会公德、行为规范及法令，遵守学校纪律，个人服从集体，服从社会，能约束自己的行为，不断改正缺点，使自己的行为规范化、社会化。

同学们，我们要在恰当的时期做恰当的事。当前我们的任务就是学习知识，丰富自己，让自己健康成长。

谢谢！

爱你们的朋友：黄培杰

校长每日一句

人生有两个方向很重要：一是出门，二是回家。

疫情下返校复课前的小提示

亲爱的同学们：

大家早上好！

我相信大家都期待着快点回到学校来，我也相信这一天将很快到来。但大家有没有在想：开学了，我真的准备好了吗？大家返校来其实又是对大家行为规矩的一次真正的考验。首先就是大家良好的生活、卫生习惯一定要养成，这不单单是疫情防控的需要，也是个人平时卫生习惯的要求，因为这是对自己、对他人的身心健康负责。学校按照上级部门的要求结合本校的实际制定了“两方案九制度两区域六时段六场景”的返校复课防控的措施，建立四级联防联控的机制，大家只要认真遵守执行，一定是安全有序的。如早上起来自己的身体状况要清晰，戴口罩回到学校，进校园测温，走进消毒槽吸水区自觉把手洗干净，安静有序进课室，同学间保持一米之隔，自觉排队成为常规，吃饭不讲话，按时午休晚寝，不串门，不聚集，课室、宿舍要通风并保持干净整洁，按要求到户外课间运动，身体若有不适莫慌张请与老师校医汇报并听从指挥，放学速回家，回家又把手洗干净等，这些要求大家只要清晰认真、注意细节、坚持执行，我相信一定是没问题的，这对我们养成严谨的学习、生活习惯也是很有帮助的。我把这些要求编写成《守望相助——防疫三字经》（返校复课版），与大家一起分享。

防疫情，需齐心；按指引，应要求。我做起，不添堵；有担当，尽职责。
清晨起，测体温；家长知，做登记。身体好，上学去；出门前，戴口罩。
进校园，再测温；把卡交，鞋底净；把手洗，进课室；同学间，一米距。
少交谈，莫聚堆；洗手间，排队进。就餐前，必洗手；定位座，食不言。
不串寝，静午休。重锻炼，身体棒；守住口，管好手；练好腿，养四品。
在校间，有不适，莫惊慌，找校医。放学后，速回家；讲效率，惜时间。
平常心，善为乐；能遵守，我安全。增免疫，抗病毒；有信心，必胜利。

同学们，请将三字经牢记心中，为了你和大家的安全，为了回校后安全有序地开展一切教育教学，希望我们都能遵守要求并认真做好。我相信你们一定能做到，而且可以做得很好。

谢谢！

爱你们的朋友：黄培杰

校长每日一句

不必遗憾：若是美好，叫作精彩；若是糟糕，叫作经历。

喜迎返校复课，开启全新状态

亲爱的同学们：

大家早上好！

演绎着速度与激情，演绎着温馨与感人，演绎着爱心与责任，满载荣誉，满怀信心，充满憧憬，我们迎来了美丽的、魅力的、胜利的全面返校复课的日子。梦想是走出来的，幸福是奋斗得来的，在接下来的可贵的时光里，我们更要怀揣梦想，撸起袖子加油干。诸葛亮在《诫子书》中教导儿子要“接世”，何谓“接世者”，即对社会有贡献的人。习近平总书记也说过：同人民一道拼搏，同祖国一道前进，服务人民、奉献祖国，是当代中国青年的正确方向。在这个特殊时期，我们更要牢记：人民至上，生命至上，尊重自然，绿色环保，敬畏生命！

我真诚地希望同学们以全新的姿态开始全新的生活，在青春的沃土中，播种一颗感恩的心，播种一种律己的态度，播种一份担当的勇气，播种一个自省的习惯。在青春时积蓄更多的潜力，让青春的美好照亮我们未来的征程。

在青春成长的道路上，我们更要重视阅读的重要性。阅读，能让人长见识、明是非、坚心志。读书，是世界上门槛最低的高贵举动。阿根廷作家博尔赫斯曾说：“如果有天堂，天堂应该是图书馆的模样。”子曰：“学而不思则罔，思而不学则殆。”大家可为自己列一份读书清单，也可以随身携带一本书；可以做读书笔记，也可以在广播站分享你的读书心得。恣意攀登于书山，纵情遨游于学海，修身养性，陶冶情操，开阔视野，丰富知识。

同学们，只要我们胸怀希望，就总能与春天相伴；只要付出，就能收获累累硕果。只要同心同德，埋头苦干，主动发展，积极进取，开拓创新，就能够实现自我的人生价值。回望过去，我们壮怀激烈；展望未来，我们坚定豪迈！

谢谢！

爱你们的朋友：黄培杰

校长每日一句

思考的深度决定了人生的高度。

做好线上教育收尾，精神饱满重返校园

亲爱的同学们：

大家早上好！

每一个人都有一个最爱的地方，那就是家，家是温暖的港湾。每一个人一辈子都有一个最爱的人，那就是母亲，母亲是家中的那一缕阳光。今天是母亲节，昨天我说给妈妈写一封情书，你做了吗？你准备怎样跟妈妈庆祝呢？今年的母亲节很特别，也非常有意义。同学们，过了今天，明天我们就要返校复课了。回顾过去，有很多感慨，也有很多要感谢的人，尤其要感谢妈妈，感谢家人的暖心陪伴，感谢自己坚持下来学会了成长，尤其认知生命的可贵，人生应该如何奋斗才有价值，学会了幸福生活的基本技能，所以，今天的母亲节一定要好好庆祝，让这个节日更有仪式感。

珍惜过去，向往未来，珍惜是为了更好地迈进。明天，我们就回校了，这一天我们期待已久了。我上次说了，回校了，更是对大家自觉、自律的考验，这是为了自己、家人和同学之间的健康安全负责，也是一种责任担当，更是为了营造平安有序的校园环境及有序的教育教学，我相信大家是可以做得到的。我们再简单回顾一下，《守望相助——抗疫三字经》大家理解、熟悉了吗？出门前的身体状况要清楚，测温带登记卡，戴口罩，准备保鲜袋，进入校园不闹腾，不聚集，不串门，洗好手。2020 年最美的距离是 1 米，距离最大化；还有一种美是戴口罩的美、洗手的美、排队有序的美。我相信有大家美的言谈举止，一定会营造宿舍的美、课室的美、校园的和谐美，此时你也会是最美的一员。

同学们，转达我对妈妈的祝福！同学们，加油！让我看到你最美的姿态！明天见！祝大家平平安安，身体棒棒！学习进步！期待……

谢谢！

爱你的朋友：黄培杰

校长每日一句

开心了就笑，不开心了等开心了再笑。

理性面对疫情

亲爱的同学们：

在2020年抗击疫情的特殊时期中，我们看到了感性与理性的重要性。理性和感性是不冲突的，跟理性冲突的是愚昧，跟感性冲突的是麻木。没有感性的理性不理性，没有理性的感性不感性。

在疫情期间的反思，我们会想到“理性与人性”，也就是科学精神与人道精神，也就是“实事求是”与“以人为本”。理性，就是科学精神、实事求是，尊重规律。只有理性是不够的，人性，人道精神更重要。讲人性人道，要求换位思考，有同理心、同情心，将心比心。人性与人道意味着尊严，意味着尊重和自尊。别人的痛苦与困难，并非与我们无关。如果我们在痛苦和困难中希望得到别人的帮助，我们也要帮助在痛苦和困难中的别人。有话好好说，有事一起做，回归人的本质，展示人的尊严，让诸如爱心、尊重、怜悯、感恩、互助、公平、诚信、信任等美好的品质，在艰难的岁月中仍不缺位。生活因感谢而幸福，工作因理性而和谐！

面对疫情，有人自乱阵脚，偏信谣言、有偏方；有人成了恐慌情绪的帮凶，以讹传讹，人云亦云。

2020年1月31日，当李兰娟院士提出病毒在哺乳动物间传播，主人要管好宠物时，马上就有人断章取义，把原话曲解为“宠物也会感染新冠肺炎”。

谣言止于智者，面对网上铺天盖地的信息，要培养自己明辨是非的眼力，审慎、理性地看待事情，已成为一项日常生活的必要技能。所以，一个人具有独立思考的能力就显得很重要。

在当今，一个信息爆炸的时代，资讯的泛滥，会导致个人很容易被蒙蔽双眼，甚至失去基本的判断力。倘若不保持清醒的头脑，独立思考的定力，便会迷失自我，做出令人瞠目结舌的举动。

那什么是感性？什么是理性呢？感性认识是指对事物表面和现象的认识，而理性认识是对事物本质和规律的认识，认为感性认识应该上升到理性认识，透过现象抓住事物的本质和规律。

在生活中，通常我们评价一个人是感性还是理性，主要是看他处理情感问题和其他问题的方法以及看待事物的观点如何。在我看来，感性侧重于“感”字，即情感。

这类人看问题处理问题容易感情用事，而不根据正确科学的方法，容易冲动，把个人情感放在首位，其结果是不大好的。而理性侧重于“理”字，即合乎逻辑，符合科学的观点和方法。这类人不为个人情绪所左右，善于处理个人情绪和感情，看待问题，处理问题通常用科学有效的方法。他们虽然能够在事业上取得更大的成功，但在情感上是不怎么顺的。因为他们太有自己的主见和看法，对待情感问题过于苛求对与错。

所以过分感性和过分理性都是不行的。要做到最好，同样需要把握一个度，即既不要被自己的情绪所控制，也不要单纯靠理智去看问题和处理事情。处理不同的事情所需要的感性和理性的分量亦是不同的。总的来说，处理情感问题，感性略大于理性。

病毒在全球暴发，我们要相信，人类的智慧一定会战胜病魔的。关键是我们莫慌，要冷静，沉着应对。首先我们要认识它、了解它，就一定能战胜它；不传谣、不信谣，要冷静思考。当我们有了科学的认知，才能平复心情，安下心来学习及研究，把自身的素养形成行为习惯，要正视疫情，健康成长，让自律成为一种习惯，也就是让我们现在的生活习惯成为一种社交的常态习惯，如人与人之间保持一定的距离，勤洗手，戴口罩，睡觉吃饭不讲话，注意个人及公共卫生，等等。

孩子们，请记住：独立思考，独立思维，理性判断尤其重要，这段时间就是培养你独立思考、独立思维的好时机，请大家好好把握！

谢谢！

爱你们的朋友：黄培杰

校长每日一句

一米的距离是我们彼此之间的最美距离，有礼之人会让人舒服。

生而为人，做中国脊梁

亲爱的同学们：

大家早上好！

自古至今，中华儿女，爱国之心，报国之志，无不气贯九霄。你还记得吗？曹植在《白马篇》中的“名编壮士籍，不得中顾私。捐躯赴国难，视死忽如归”。饱含了大义凛然，为国捐躯的英勇豪迈。还有范仲淹的“先天下之忧而忧，后天下之乐而乐”，文天祥的“从今却别江南日，化作啼鹃带血归”，林则徐的“苟利国家生死以，岂因祸福避趋之”，还有岳飞的“三十功名尘与土，八千里路云和月，莫等闲，白了少年头，空悲切！”更有党的好儿子——雷锋，把有限的生命投入到无限的为人民服务中去，以及新时期忠诚爱国的人民公仆、英勇烈士。在2019年3月31日下午，四川凉山木里森林火灾现场发生爆燃。31名消防官兵为救火而牺牲。他们以血肉之躯，逆火而行。他们生为勇士，逝亦国殇！让我们缅怀致敬，愿英雄一路走好！2020年在抗击疫情的战场上，我们看到了最美的逆行者，看到了年轻一代的毅勇果敢，舍生取义，在他们身上看到了奋斗者的最美形象。鲁迅先生说过，中华民族自古以来就有埋头苦干的人，有拼命硬干的人，有舍身求法的人，有为民请命的人，这就是中国的脊梁，正是这脊梁的强劲与韧劲，让我们的民族有尊严，千秋屹立，万古挺拔。

同学们，我期望大家能珍惜时间，不浪费一分一秒，做守时守信的合格的执信人；做懂规矩、敬畏规则、文明有礼的新一代学子；做爱运动、爱劳动、懂感恩、勇于奉献的新一代青年；刻苦学习，掌握知识，学好本领，强身健体，为祖国建设、保卫祖国贡献自己的力量。“芳林新叶催陈叶，流水前波让后波”，让我们将自己的理想与祖国的前途，将自己的人生与民族的命运紧密联系在一起，以舍我其谁的使命担当和顽强的斗争精神，坚决扛起使命、责任与担当。“长风破浪会有时”，让我们一起为祖国的强大努力拼搏吧！

谢谢！

爱你们的朋友：黄培杰

校长每日一句

成功的人不是赢在起点，而是赢在转折点和终点。

青年心系祖国

亲爱的同学们：

大家早上好！

同学们，人无精神则不立，国无精神则不强。在这场战役中，我们就看到了国家的精神，中国的速度，中国的激情，中国的智慧，看到了中国的民族精神。一个国家的繁荣，离不开人民的奋斗；一个民族的强盛，离不开精神的支撑。民族精神是一个民族赖以长久生存的灵魂，坚强的民族精神，是一个民族在历史的洪流中屹立不倒、奋勇向前的中流砥柱。“愿以吾辈之青春，守护盛世之中华。”这是不幸牺牲的山东大学齐鲁医院护士张静静的座右铭。为战“疫”需要而舍弃一头秀发，战“疫”斗志却昂扬生长。抗疫斗争中，千千万万个像张静静一样的英雄铸就起团结一心、众志成城的牢固精神防线，充分展示了我们伟大民族精神的强大力量。用“伟大创造精神、伟大奋斗精神、伟大团结精神、伟大梦想精神”，深刻阐释中华民族精神，赋予其新的时代内涵。民族精神之光，照耀着中国人民创造美好生活的奋斗道路。全国上下齐心弘扬民族精神，于是中国创造人间奇迹。

“路漫漫其修远兮，吾将上下而求索。”五千多年来，中国人民在长期奋斗中培育、继承、发展起来的伟大民族精神，为中国发展和人类文明进步提供了强大精神动力。“中国故事”一次又一次感天动地，“中国精神”一次又一次激情燃烧。“周虽旧邦，其命维新。”“苟日新，日日新，又日新。”这些先哲名言，深深融入中国人的血脉，不断激励着中华民族立新义、开新篇、闯新路。“天行健，君子以自强不息；地势坤，君子以厚德载物。”几千年来，中国人民始终革故鼎新、自强不息，以勤劳与智慧建设大好河山，取得一次又一次的胜利，中国因而逐渐从富起来到强起来。

“红日初升，其道大光。河出伏流，一泻汪洋。”青年是整个社会力量中最积极、最有生气的力量，国家的希望在青年，民族的未来在青年，民族精神的传承和弘扬也在青年。青年理想远大、信念坚定，一个国家、一个民族就有了无坚不摧的前进动力。此次与疫魔的搏斗，在4.2万多名驰援湖北的医务人员中，有1.2万多名是“90后”，习近平总书记赞扬他们是“堪当大任的”。他们不畏艰险、冲锋在前、舍生忘死，交出了合格的答卷，彰显了青春的力量。同学们，作为青年一代此时更应该发奋图强，克服困难，学好本领，心怀祖国，为祖国的建设时刻准备着。

谢谢！

爱你们的校长朋友：黄培杰

校长每日一句

不劳动，连朵花都养不活。

钟南山语录分享

亲爱的同学们：

大家早上好！

同学们，刻骨铭心的2020，让我们懂得珍惜，也教会我们要学会思考，教会我们凡事要用科学的理论观点去分析及解决，深度思考会让我们的人生有高度及宽度。这段时间我们看到了白衣战士的无私大无畏精神，我们看到没有任何困难可以击倒我们。今天我们来一起回顾分享钟南山院士的几段精彩的话语。

（一）我们每个人心中除了有一个“小我”，还应该有个“大我”，而且在危难的时刻，在非常的时刻，“大我”是最重要的。

（二）只有大家做出了奉献，我们自己才能保得平安。在现在学习的过程中，我们还是要保持高度的警惕，特别是做好自我防护工作，包括戴口罩、减少不必要的聚会，同学们在一起要有一些距离。这些方面只要保护好了，我们的正常学习生活就能继续下去。

（三）学会用科学的精神去应对新冠肺炎疫情。防治新冠肺炎需要有科学精神，要有科学研究也要有科学知识。如果下一次有其他的事情，或者同学们在其他领域遇到了问题，也要明白，解决问题需要有科技、科研支撑。而科技科研的支撑关键是打好基础。其次就是要学会多问几个为什么。

（四）我们除了学习基本知识，还要有好奇心，经常去考虑一下：这个为什么是这样？或者这个跟事实（本质）有什么出入？

这几段话非常朴实，也没有华丽的词句，但是道出了真理，即“抗击疫情”的精神。在我们的日常生活中，不会经常遇上“危难时刻”“非常时刻”。但在班级生活中，能遵章守纪、时刻把班集体荣誉放在第一位，乐于为同学服务，乐于为班集体服务，友爱同学，遇事谦让。在家庭生活中，能尊敬长辈、关心父母、与邻居友好相处，珍惜物质资源、做力所能及的家务劳动，主动服务社区，这些是“大我”的表现。

在求学学本领的道路上，我们也只有掌握了科学的学习方法，学以致用，才能运用适当的方法探求更丰富的知识，从而不断提升。只有勤奋学习，刻苦钻研，我们才能在广阔无垠的知识海洋中学到更多的知识。学习，使我们更加了解这个奇妙的世界，使生活更加多姿多彩；学习，让我们增长智慧，使人生阅历更加丰富；学习，使我们培养特长，并可以帮助他人，从而实现自己的价值。

前不久，有同学写信给钟南山院士，钟南山院士给同学们回了信，写下了对青少年的寄语："用知识缝制铠甲，不远的将来，各行各业都将由你们披甲上阵。希望你们不惧艰辛、勇敢前行！"最后，钟南山院士还题词勉励全国青少年："恰同学少年，愿风华正茂，期投身杏林，更以行证道。"

同学们，钟南山院士是时代的楷模，是我们每个人学习的榜样。今天与大家分享钟南山院士的精彩语段，希望同学们能以钟南山院士的精神追求勉励自己，养成良好的学习生活习惯，扣好人生的第一粒扣子，爱党爱国爱人民，自觉向优秀看齐。争当热爱祖国、理想远大的好少年；争当勤奋学习、追求上进的好少年；争当品德优良、团结友爱的好少年；争当体魄强健、活泼开朗的好少年。

谢谢！

爱你们的朋友：黄培杰

校长每日一句

戴口罩，健康你我他。

节日气氛 节气传统

中国的传统节日

亲爱的同学们：

大家早上好！

中华上下五千年，源远流长，文化博大精深。中国的传统节日形式多样，内容丰富，是我们中华民族悠久的历史文化的一个组成部分，也是中国传统文化的瑰宝。各个节日各个地方都有不一样的习俗，但都是淳朴的劳动人民对美好生活的向往与追求，中国很多文人雅士也通过诗歌去表达、抒怀。传统节日的形成，是一个民族或国家的历史文化长期积淀凝聚的过程，像春节、元宵节、清明节、端午节、中秋节这些传统节日，无一不是从古代发展过来的，从这些流传至今的节日风俗里，还可以清晰地看到古代人民社会生活的精彩画面。节日的起源和发展是一个逐渐形成，潜移默化地完善，并慢慢渗入到社会生活的过程。

值得一提的是，在漫长的历史长河中，历代的文人雅士、诗人墨客，为一个个节日谱写了许多千古名篇。这些诗文脍炙人口，被广为传颂，使我国的传统节日渗透着深厚的文化底蕴，精彩浪漫，大俗中透着大雅，雅俗共赏。中国的节日有很强的内聚力和广泛的包容性，一到过节，举国同庆，这与我们民族源远流长的悠久历史一脉相承，是一份宝贵的精神文化遗产。

作为中国公民，尤其我们新一代的少年，如果不了解中国国情，不了解中华传统节日，只会过西方的情人节、圣诞节，会是多么可怕的事情。不了解国情，不过有意义的中国传统节日，何来自信？的确，每一个中华传统节日都有深刻内涵的故事。让我们以节日和中国二十四节气为主线去了解它们的起源、历史故事、历史文化及各地的习俗，同时也看看有哪些诗歌与这些节日、节气有关，让我们在了解中去学习、去成长，去抒写我们的故事，演绎我们的情怀及敬畏感恩之心，从而增强我们的自信。让我们在了解中国的文化中把故事传递，把真情传递，让我们中国故事更精彩、更有温度！

中国的传统节日主要有春节（农历正月初一）、元宵节（农历正月十五）、龙抬头（农历二月初二）、社日节（农历二月初二）、寒食节（农历冬至后的105天）、清明节

（公历 4 月 5 日前后）、端午节（农历五月初五）、七夕节（农历七月初七）、中元节（农历七月十五）、中秋节（农历八月十五）、重阳节（农历九月初九）、下元节（农历十月十五）、冬至节（公历 12 月 21—23 日之间）、除夕（年尾最后一天）等。另外，二十四节气当中，也有个别既是自然节气点也是传统节日，如清明、冬至等，这些节日兼具自然与人文两大内涵。

中华民族的古老传统节日，涵盖了原始信仰、祭祀文化、天文历法、易理术数等人文与自然文化内容，蕴含着深邃丰厚的文化内涵。从远古先民时期发展而来的中华传统节日，不仅清晰地记录着中华民族先民丰富多彩的社会生活和文化内容，也积淀着博大精深的历史文化内涵。

谢谢！

爱你们的朋友：黄培杰

校长每日一句

人生因奋斗而激情。

春节那些事

亲爱的同学们：

大家早上好！

俗话说：一年之计在于春，一日之计在于晨。今天来跟大家聊聊春节的那些事。大家还记得你懂事起的第一个春节是怎么过的吗？你每年是怎样过春节的呢？又有怎样的故事呢？可以与同学们一起分享。

春节就是农历正月初一，是中国民间最隆重盛大的传统节日，也是集祈福禳灾、欢庆娱乐和饮食为一体的民俗大节。春节习俗以吃年糕、饺子、汤圆以及各种美味肴馔为主；并伴有掸扬尘、洗被褥、备年货、贴春联、贴年画（门神）、贴剪纸、贴窗花、贴福字、点蜡烛、点旺火、放鞭炮、给压岁钱、拜年、走亲戚、送年礼、上祖坟、逛花市、闹社火等众多活动，家家团圆，极尽天伦之乐。

春节历史悠久，由上古时代岁首祈年祭祀演变而来，在传承发展中承载了丰厚的历史文化底蕴。新春贺岁活动围绕祭祝祈年为中心，以除旧布新、拜神祭祖、驱邪禳灾、祈求丰年等形式展开，内容丰富多彩，热闹喜庆，年味浓郁，凝聚着中华文明的传统文化精华。在春节期间，全国各地均有举行各种贺岁活动，各地因地域文化不同而又存在着习俗内容或细节上的差异，带有浓郁的各民族特色。

年夜饭，是年节习俗之一，又称年晚饭、团年饭、团圆饭等，特指年尾除夕的阖家聚餐。年夜饭源于古代的年终祭祀仪式，拜祭神灵与祖先后团圆聚餐。团年饭是年前的重头戏，不但丰富多彩，而且很讲究意头。吃团年饭前先拜神祭祖，待拜祭仪式完毕后才开饭。席上一般有鸡（寓意有计）、鱼（寓年年有余）、蚝豉（寓好市）、发菜（寓发财）、腐竹（寓富足）、莲藕（寓聪明）、生菜（寓生财）、生蒜（寓会计算）等以求吉利。中国人的年夜饭是家人的团圆聚餐，是年尾最丰盛、最重要的一顿晚餐。

压岁钱（在广东叫作“俾利是”），是春节习俗之一。压岁钱是由长辈派发给晚辈的，年夜饭后长辈要将事先准备好的压岁钱派发给晚辈，据说压岁钱可以压住邪祟，晚辈得到压岁钱就可以平平安安度过一岁；有的人家是父母在夜晚待子女睡熟后，放在他们的枕头下。过年给压岁钱，体现出长辈对晚辈的关切之情和真切祝福。压岁钱在民俗文化中寓意辟邪驱鬼，保佑平安。因为人们认为小孩容易受鬼祟的侵害，所以用压岁钱压祟驱邪。同学们，你们每一年能讨得多少利是钱呢？是怎样使用的呢？有的同学去做善事，帮助需要帮助、有困难的人，有的是去投资理财，有的是去买学习用品，等等。但不管怎样，不能乱花，要懂得珍惜，要让每一分钱都花得有价值、有意义。愿大家每一个春节都过得有意义，和谐开心、健康快乐。

谢谢！

爱你们的朋友：黄培杰

校长每日一句

世界上最永恒的幸福就是平凡与自觉。

学习雷锋精神

亲爱的各位孩子：

大家好！我们又见面了！

孩子们，大家都知道，每一年的3月5日是学习雷锋纪念日，我们学校也把每一年的3月份定为学习雷锋月，但大家要清楚，这只是起点，学习雷锋不是只在3月5日，也不是只在3月份，学习雷锋做好事应该是时时刻刻的，是一辈子的事，是随时随地的，不受时间、界限、区域制约。从自身做起，向榜样学习，也是给他人树立榜样。

孩子们，什么是雷锋精神呢？当我们看到好人时，会想起雷锋；我们做好事时，会成为像雷锋一样的人；雷锋是永恒的革命战士，看似平凡的人生实践，却铸就了力透时空的精神坐标。做永不生锈的螺丝钉，生命不息，奋斗不止，在别人需要时伸出援手，这就是雷锋精神。在新时代，在这次的疫情面前，我们可以看到涌现出许多像雷锋一样的英雄，他们在最需要的地方默默无闻地贡献自己，攻坚克难，发扬钉子精神，不获全胜不轻易说成功。我相信大家也会时刻学习雷锋的精神，做好人好事，助人为乐，人人都具有大爱无私的奉献精神。眼中有课本，心中有希望，学习不休，进步不止，奉献不断！

谢谢！

爱你们的朋友：黄培杰

校长每日一句

今是生活，今是动力，今是行为，今是创作。

植春之希望，筑绿意家园

亲爱的同学们：

大家早上好！

早春三月，新柳吐芽，红棉争艳，在这个春光明媚的时节里，还有一个孕育绿色生命的日子——植树节。今天是3月12日植树节，草长莺飞，春光明媚，又到了植树的大好时节。

我国植树的传统由来已久，古代在清明时节就有插柳植树的做法，人们还在官道上种植树木，作为标记里程之用，并为行人遮风挡雨，成为造福桑梓、利国利民的重大举措。到了近代，在孙中山先生的倡议下，规定了以每年清明节为植树节，指定地点，选择树种，全国各级政府、机关、学校如期参加植树节典礼并从事植树活动。后来，全国人大常委会决定，把孙中山先生的逝世纪念日——3月12日定为我国的植树节。

今天我在这里，特意向同学们发出倡议，让我们今天也在家里种下一株植物，植春之希望，许下心愿，筑绿意家园。

多年来，环保一直是不变的话题，可是听过太多的“保护环境就是爱护我们自己”的号召，很多人似乎开始麻木了。面对日益严重的环境污染视而不见了，大家都已经忘了环保的重要性。几个月来，澳大利亚史无前例的大火，让我们看到了大自然凶猛的一面，残酷的现实告诫我们，大自然并非总是和风细雨，当气候变化、全球变暖、天灾人祸等诸多因素叠加，陷入生态危机的恶性循环就不得不令人忧心。灾难面前，考验人的智慧，更需要人的行动，更需要珍惜生命，重视生命的健康成长。

同处一个地球，没有谁是一座孤岛。习近平总书记说，绿水青山就是金山银山。保护生态的种子必须尽早种下，保护我们地球家园的行动必须持之以恒。

当我们播下一颗绿色的种子，就撒下了一片五彩的希望。中华民族自古就有“爱树、育树”的传统，有许多崇尚植树造林的趣闻佳话。如著名的“治病种杏”——三国东吴名医董奉，医术精湛，为人治病不收财礼，只要求一个病情不严重的病人，治好之后种一株杏树；一个重病人，治好后种五株杏树。日久天长，他的房前屋后竟有十万余株杏树，人称“董林杏仙”。

国外也有许多趣闻。几百年前，南斯拉夫有一项法律，规定每对新婚夫妇，必须先种油橄榄树七十株。在日本有一项特殊的规定，凡是私人增添一辆汽车，必须植一棵树。非洲坦桑尼亚的许多地方，有“添丁植树”的风俗——谁家生了孩子，便要种上一棵树，寓意孩子像树一样茁壮成长。

同学们，我们作为年轻一代，作为这个地球的一分子，在足不出户的特殊时期，我们虽无法一起开展植树活动，但植树节的意义，或许并不只是种几棵树。出外我们要做护花使者，不践踏花草，不攀折树木，不做任何破坏植被的行为。在家我们还要做护绿大使，向朋友、向家人宣传植树造林、保护环境的好处，增强环保意识。我们还可以在家长的帮助下，在庭前、屋后、阳台，栽上一株植物，让它茁壮成长，为家中增添一点绿色。孩子们，我们这是彰显春的希望、生命的希望。养花如育人，见花如见人，生命不息，奉献不断，希望无止境。

植春之希望，筑绿色家园。种下一株植物，就是种下一份希望，让我们以植树节为春之始，积极行动起来，争做环保护绿小卫士，让我们的家园更加绿意盎然！

爱你们的朋友：黄培杰

校长每日一句

青春因磨炼而精彩。

清明节追思

亲爱的同学们：

大家早上好！

今天我跟大家讲讲“清明节”追思。清明节是我国民间重要的传统节日，是重要的八个节日——上元、清明、立夏、端午、中元、中秋、冬至和除夕之一。它在公历的4月5日前后，但其节期很长，有十日前十日后的说法，这近二十天内均属清明节。据传始于古代帝王将相“墓祭”之礼，后来民间亦相仿效，于此日祭祖扫墓，历代沿袭而成为中华民族一种固定的风俗。清明节的习俗是丰富有趣的，除了讲究禁火、扫墓，还有踏青、荡秋千、蹴鞠、打马球、插柳等一系列风俗体育活动。相传这是因为清明节要寒食禁火，为了防止寒食冷餐伤身，所以大家就参加一些体育活动，以锻炼身体。因此，这个节日既有祭扫新坟生离死别的悲酸泪，又有踏青游玩的欢笑声，是一个富有特色的节日。2006年5月20日，经国务院批准，清明节列入第一批国家级非物质文化遗产名录。

当我们凝视着烈士鲜血染红的国旗，不觉思绪又回到那艰苦峥嵘的岁月：旧中国饱受战争的创伤和帝国主义的欺凌，人民受尽磨难和屈辱。旧上海的公园门口曾立着一块醒目的牌子，上面写着“华人与狗不得入内”。外国轮船在黄浦江上肆意闯荡，撞翻中国民船，淹死中国人也不管。那时洋人在中国土地上为所欲为，国人已丧失了最起码的做人尊严。祖国危难之时，无数爱国志士挺身而出，为了祖国的独立统一和人民的解放，甘洒一腔热血。无数英烈用他们的生命，谱写了一曲曲壮烈的爱国乐章。难道他们不知道生命的可贵吗？他们非常珍惜自己的生命，但是他们深深懂得：在祖国危亡之时，作为一个中国人，保卫祖国、拯救祖国是自己的责任。为了祖国的解放，先烈们抛头颅洒热血，出生入死，大义凛然。他们用生命、热血换来了华夏民族的新生。英烈们虽捍卫了民族尊严，但他们的事业还没有完成。与发达国家相比，中国依然贫穷落后。祖国是民族的根，爱国是民族的魂。世界上任何一个伟大的民族都把爱国作为自己精神的支柱和力量的源泉。为了圆民族的强盛梦，让先烈的理想变成现实，每个中华儿女要责无旁贷地担负起建设富强祖国的历史重任。美国曾经也很穷，美国牛仔当年开发西部时也绝没有可口可乐，但他们没有抱怨、观望，更没有逃避和背叛，靠着一代又一代人的努力，他们富强起来了。发展中的中国正需要这样的硬气，继承先烈遗志，实现先烈遗愿，我们唯有卧薪尝胆，自强不息。谁不想自己的祖国日益强大呢？谁不想在走出国门时可以骄傲地称自己是中国人呢？

时代的列车已进入新世纪，新世纪给爱国主义注入了新的内涵。爱国不是虚无的，爱国也不再表现为为祖国抛头颅洒热血。今天我们在这里讲爱国，我想首先应该落脚在我们的工作、学习、爱校、敬业上，试想一个不爱自己班集体的人，一个不爱自己学校的人，一个不爱学习科学文化知识的人，还能谈得上爱国吗？

当今的世界是高科技的角逐场，竞争将会一浪高过一浪。同学们，今天的爱国就是努力学习，早日成为国家的栋梁；老师们，今天的爱校敬业就是爱国的最好衡量。为祖国培养能够撑起中华民族脊梁的有用之才就是爱国的最好体现！

“应知学问难，在乎点滴勤。”同学们，让我们互相勉励，只争朝夕，发奋努力吧。让我们以优异的成绩告慰青松下长眠的烈士！让我们在清明节的追思中不要忘记曾为我们今天的幸福铺路的英灵！让我们过一个爱国、感恩的清明节！

谢谢！

爱你们的朋友：黄培杰

校长每日一句

生命是平等而尊贵的，就像天地孕育万物一般，没有丝毫偏颇和差别之分。

传承好家风——写在清明节

亲爱的同学们：

大家早上好！

清明节是追思怀远的日子，不仅能寄托哀思，也是让我们继续传承好家风、孝亲敬老的日子。传承中国好家风，争做优秀的接班人。

今天我们谈谈家风吧。

什么是家风呢？家风也叫门风，简单地讲，就是一个家庭或家族的传统风尚、生活作风，即一个家庭当中的风气，是一个家族代代相传沿袭下来的，体现了家族成员的精神风貌。家风是一个家庭的精神内核。请问你们的家风是怎样的？如果不知道我想你可以找时间跟你的父母、长辈请教一下。

无论是“父母呼，应勿缓”“出必告，反必面”的孝亲之道，还是“朝起早，夜眠迟”“便溺回，辄净手”的生活习惯，或是“入虚室，如有人”“借人物，及时还”的道德规范都可以说是家规或家训，家庭成员必遵守之。

“家风正，子孙兴”“家风正，民风淳，政风清”“家风正则天下明”，老祖宗的话告诉我们一个深刻的道理：家和国是紧密联系的，良好的家风是人生幸福、家庭和谐、国家兴盛的关键。

“天下之本在国，国之本在家，家之本在身。”自古以来，中华民族非常重视“修身齐家治国平天下”，这反映在家庭上，就是家风。中华民族自古以来非常重视家风文化建设和传承。中华民族五千年的灿烂文化孕育了许多优良家风和家庭美德，如孝亲敬老、勤劳节俭、诚实守信、文明礼让、尊师重教、勤学明理、和睦友善等，它们是我们立身做人的行为准则，也是社会和谐的基础。从《孔子家语》《颜氏家训》到《朱子家训》，无不体现着良好家风的重要作用。所以，习近平总书记特别强调家风的重要意义：“不论时代发生多大的变化，不论生活格局发生多大变化，我们都要重视家庭建设，注重家庭、注重家教、注重家风。”

家是最小国，国是千万家。让我们以实际行动传承好家风，做新时代有作为的建设者、创造者！

谢谢！

爱你们的朋友：黄培杰

校长每日一句

智者掌握时间，愚者被时间掌握。

创造生活仪式感——写在卫生日

亲爱的同学们：

大家早上好！

你知道今天是什么日子吗？是的，今天是“卫生日”。昨天，我跟大家讲了家风，传承好家风。今天，我提议大家从最小的事做起，以实际行动，把自己的书桌、房间、整个家彻底清洁一下，让整个家都干干净净、整整齐齐，用实际行动感谢父母。劳动创造美。当然，这也是在传承弘扬好家风。

不知道大家有没有看到，我们尊敬的老师们在3月28日星期天下午一起回校搞卫生，把宿舍、课室装扮得很干净、整齐、漂亮。那劳动场面多开心啊，他们不落下每一个卫生死角。劳动中注重细节，温暖人心，彰显了有温度的教育、暖心的教育，表达对你们的关怀。我不知道大家看到后感动不感动，有何感想，有没有想到自己以后该要怎样做呢?！该有怎样的行动呢?！

同学们，我们学习生活的仪式感。在学校，我们从拥有自己“最美的书桌”开始，到拥有了自己“最美的房间”，然后拥有了“最美的宿舍”“最美的课室”“最美的校园”，我们就拥有了更多的“最美”，我们就拥有了不断创造“最美”的习惯与能力，未来我们就会拥有“最美的未来”“最美的人生”。你们说是不是？孩子们，行动吧！让我们一起创造最美的未来！

谢谢！

爱你们的朋友：黄培杰

校长每日一句

除非自己不努力，自暴自弃，否则没有人能打败你。

做好准备，遵守规则
——写在全民国家安全教育日

亲爱的同学们：

大家早上好！

4 月 15 日，也就是今天，是全民国家安全教育日。保证人民安居乐业，孩子们能快乐学习、生活，增长知识，能健康成长，国家安全是头等大事。于是，我们要有国家安全观，要有小家、个人的安全意识，我们要汇集保护一切安全的强大力量。

随着 4 月 27 日高三、初三的哥哥姐姐们开学返校的日子临近，“开学了”这三个字越让人觉得珍贵动听和唯美。但是同学们，在兴奋之余，我们要冷静思考一下：“开学了”，我们准备好了没有？我们是否有确保一切安全的应对措施？同学们，“开学了”更需要大家懂规矩敬畏规则并人人自觉遵守之，这样才能确保大家的生命健康安全、一切安全，才能确保我们正常的教育教学秩序。所以，我们要从细节入手，从早上出家门给自己测体温、登记签名、戴口罩开始，就需要认认真真按照要求去做好。如：进校门出示体温登记卡、测体温，走过消毒槽、走进鞋底吸水区，洗手进课室；讲话保持距离、戴好口罩，上课不讲闲话，认真听讲；课间主动配合老师测体温，进饭堂洗手站点排队不讲话，吃饭不聊天等。虽然看似很小的事，但需要我们自觉去做到，所以我希望大家从现在在家里先做起，等到回校自然就成为习惯了。当然，每一天在家中我们也要按照返校后的正常作息时间及上课时间去做，这样等到返校后，我们也就能很快适应正常的学习生活了。养成一种好习惯需要 21 天，那么从现在就开始做刚刚好。同学们，为了能尽快见到同伴、朋友、老师，回到美丽的校园，我相信你们一定会从现在做起，认真去准备的。当然，返校后，若发现有发热的情况，大家也莫慌，学校在各个环节都做足了充分准备及应对措施，只要大家冷静听从指挥就可以了。

同学们，只要我们认真遵守，认真践行，我们一定是安全的。一切的成功都是靠平常一点一滴积累的。

谢谢！

爱你们的朋友：黄培杰

校长每日一句

昨晚多几分钟的准备，今天少几小时的麻烦。

珍爱地球，人与自然和谐共生
——写在世界地球日

亲爱的同学们：

大家早上好！

大家知道今天是什么日子吗？没错，今天就是世界地球日。

地球日即每年的4月22日，最早的地球日活动是1970年于美国校园兴起的环保运动，1990年这项活动从美国走向世界，成为全世界环保主义者的节日和环境保护宣传日。在这天，不同国籍的人们以不同的方式宣传和实践环境保护的观念。现在人们普遍认为1970年4月22日在美国发生的第一届地球日活动是世界上最早的大规模群众性环境保护运动，这次运动催化了人类现代环境保护运动的发展，促进了发达国家环境保护立法的进程，并且直接催生了1972年联合国第一次人类环境会议。而1970年活动的组织者丹尼斯·海斯也被人们称为“地球日之父”。

同学们，2020年全世界爆发的疫情，再一次给人类敲响警钟。保护生态，保护人类家园——地球，刻不容缓。所以，保护我们自己的生命安全，增强环保意识就是在保护地球的安全。保护地球，从环保做起，从我做起。

我们大多数同学还是比较有环保意识的，会将塑料袋和空饮料瓶进行废品回收，再次利用，是非常值得提倡的。地球上的资源是有限的，我们每天都在消耗地球上的资源，资源也在一点一点地减少。我们现在提倡垃圾分类，比如饮料瓶和塑料袋，它们直接进行垃圾填埋也是很难降解的；有些消耗品是含有毒素的，像废旧电池，直接填埋会对土壤造成伤害，破坏地下水，进而危害人的生命，必须进行专门的资源回收，由专业人士进行集中处理。所以，我们必须树立环保意识，保护与我们息息相关的地球环境，促进地球与人类的和谐发展。保护地球，还要节约用水，我们不应该浪费一滴水，同时也要注意水的利用，增强节水意识。保护地球，我们还要注意垃圾分类，注意不制造太多的垃圾，给地球造成压力。保护地球，我们还要提倡种树造林，还地球绿水青山。同学们，还记得我在3月12日给大家的倡议吗？很快就要开学了，我很想大家到时把你这段时间精心培育的盆栽带到校园来，我相信一定会很漂亮，也给美丽的校园增添不少色彩和生机。

同学们，借今天的地球日，我们不妨想想，我们能为地球做些什么呢？如学习时尽量节省文具用品，杜绝浪费。铅笔是用木材制造的，浪费了铅笔就等于毁灭了森林。如尽量避免使用一次性纸杯、泡沫饭盒、塑料袋和一次性筷子等，可用陶瓷杯、纸饭盒、布袋和普通竹筷来替代，这样就可以大大减少垃圾的产生。如要爱护花草树木，不破坏城市绿化，并且积极参加绿化植树活动。如离开房间时，关上电灯并且拔掉电视机、音响、计算机等电器的插头，等等。从实际行动做起，爱护我们的家园——地球。

谢谢！

爱你们的朋友：黄培杰

校长每日一句

只有服从大自然，才能战胜大自然。

与书为友——写在世界读书日

亲爱的同学们：

大家早上好！

今天是第25个世界读书日。每年4月23日的世界读书日，全称是“世界图书与版权日”，又称“世界图书日”。最初的创意来自于国际出版商协会。1995年11月15日正式确定每年4月23日为“世界图书与版权日”。其设立目的是推动更多的人去阅读和写作。1972年，联合国教科文组织向全世界发出了“走向阅读社会”的号召，要求社会成员人人读书，让读书成为人们日常生活中不可或缺的部分。世界读书日的主旨宣言为：“希望散居在全球各地的人们，无论你是年老还是年轻，无论你是贫穷还是富有，无论你是患病还是健康，都能享受阅读带来的乐趣，都能尊重和感谢为人类文明做出巨大贡献的文学、文化、科学、思想大师们，都能保护知识产权。”

从古至今就有很多名言美句鼓励我们要读书，告诉我们怎样读书，以及勤奋读书的好处。如：朱熹提出“读书有三到，谓眼到、口到、心到”和“读书无疑者，须教有疑，有疑者，却要无疑，到这里方是长进”；欧阳修提出“立身以立学为先，立学以读书为本”；于谦提出“书卷多情似故人，晨昏忧乐每相亲”；刘向提出“书犹药也，善读之可以医愚”；李苦禅提出“鸟欲高飞先振翅，人求上进先读书”；臧克家提出“读过一本好书，就像交了一个益友”……

没错，春天正是读书的好时节。读书可以让我们获取知识，减轻压力，修身养性，改善记忆，提高想象力，丰富交流，充实思想，了解历史，走向世界。读书可以让我们增强生命的高度、心灵的宽度、思想的厚度、眼界的广度、格局的大度和情感的温度。读书多的人公众场合有礼貌，回答问题直戳重点，逻辑清晰，专注能力强，不容易马虎，学习能力强，接受新事物更快。读书可以让我们懂得生命的意义，拥有优秀的品格，懂得做人的基本道理、做事的基本准则，掌握学习的方法，提升学习能力。

书籍是人的精神食粮。在地铁上，能看见工作再忙的白领也拿出书充实自己；在睡前，可以用读书来放松、沉淀自己；在工作学习疲惫的时候，甚至可以通过阅读进入书中那个想象世界；在疫情当头的关键时刻，我们也能在方舱医院里，看见不忘复习的考研学生，看见读《政治秩序的起源》的博士后；我们也能看见当代凿壁偷光、读书废寝忘食的榜样。

冯唐说，读书是一生的日常。同学们，世界上任何书籍都不能带给你好运，但是它们却能让你悄悄成为最好的自己！让阅读成为我们生活的习惯，用悦读提升生活品质；每一天阅读一小时，品质生活一辈子；读书正己后能正人正世。恰逢今天是读书日，让我们行动起来，翻开书籍，继续阅读吧！世界阅读日，爱在图书馆。

谢谢！

爱你们的朋友：黄培杰

校长每日一句

阅读，让我们的世界更丰富。

奋斗是青春最亮丽的底色——写在青年节

亲爱的同学们：

大家早上好！

今天是五四青年节，青年节源于中国1919年反帝爱国的“五四运动”。五四运动是一次彻底的反对帝国主义和封建主义的爱国运动，也是中国新民主主义革命的开始。1939年，陕甘宁边区西北青年救国联合会决定5月4日为中国青年节。青年节期间，中国各地都要举行丰富多彩的纪念活动，青年们还要集中进行各种社会志愿和社会实践活动，还有许多地方在青年节期间举行成人式。五四精神的核心内容为“爱国、进步、民主、科学”。

青少年是祖国和民族的未来，也是我们事业兴旺发达的希望。青少年要培育社会责任感，肩负起责任，担当起使命，就要始终让民族精神成为灵魂，让理想信念成为精神支柱。正如梁启超在《少年中国说》所说的“故今日之责任，不在他人，而全在我少年。少年智则国智，少年富则国富；少年强则国强，少年独立则国独立；少年自由则国自由，少年进步则国进步；少年胜于欧洲则国胜于欧洲，少年雄于地球则国雄于地球。”可见青年一代须有责任与担当，尤其是新时期的青年一代。

奋斗是青春最亮丽的底色。人的一生只有一次青春，现在，青春是用来奋斗的，将来，青春是用来回忆的，只有进行了激情奋斗的青春，只有进行了顽强拼搏的青春，只有为人民作出了奉献的青春才会留下充实、温暖、持久、无悔的青春回忆。这是习总书记对青年一代的殷殷嘱托，我等青年定当奋发有为。

因为奋斗，我们变得坚强；因为奋斗，我们学会拼搏；因为奋斗，我们懂得自豪；因为奋斗，我们学会走好人生之路；因为奋斗，我们努力奔向理想的彼岸；因为奋斗，我们的青春更美丽，更是选择了完美人生。努力，不是为了要感动谁，也不是要做给哪个人看，而是要让自己的青春更有活力与魅力，更能体现自己的人生价值。

时代在变，社会在发展，但是，作为新时代的新青年，历史赋予我们的使命仍在。今天的我们要用刻苦学习诠释青春的美丽、奋斗的魅力；要用我们的行动抒写我们的责任与担当。值此今天青年节的日子，我希望同学们给自己写一首青春诺言之歌。

谢谢！

爱你们的朋友：黄培杰

校长每日一句

一切问题，最终都是时间问题；一切烦恼，其实都是自寻烦恼。

母亲节寄语

亲爱的同学们：

大家早上好！

“慈母手中线，游子身上衣。临行密密缝，意恐迟迟归。谁言寸草心，报得三春晖。”多美妙的诗句啊！这首《游子吟》几乎是家喻户晓，一句“慈母手中线，游子身上衣”道尽了母亲的慈爱。母亲像黑夜里的一盏明灯，在我迷失方向时，她会指引我走向光明。母亲像秋夜中的明月，在我孤独、无助时，她会陪伴我，让我充满信心。母亲一天到晚为了我而忙碌，不辞辛劳，无怨无悔……真实的语言道出伟大的母爱。

没错，明天就是一年一度的母亲节，让我们大声说出来：妈妈我爱您！妈妈感谢您！

红丝带的蝴蝶结漂白记忆中的黑发，母亲节从遥远的美国而来，携带的是浓浓的他乡气息，康乃馨等花束也因为这个节日开始热卖。放眼中国，孝道的传统由来已久，一直是被推崇的优良品德。千百年来，从历史长河中涌现出来的故事不胜枚举，在新的时代背景下更彰显出新的活力。妈妈从十月怀胎有了你，到如今，你是否曾想到妈妈付出多少苦，当你病了的时候妈妈是多么的着急，甚至为了你，妈妈可以不顾自己、宁愿失去自己的一切。在线上学习的几个月来，我们回顾一下，妈妈为了你，默默付出了多少；当你偶尔不听话时，妈妈是多么的焦虑，虽然表面严厉，但有时甚至偷偷落泪。我们一定要珍惜妈妈的爱，我们一定要从现在起真正对妈妈好一点，不要再让她生气了，不要到将来留下遗憾，留下的只有悔恨。真的，当哪天不经意间你发现妈妈多了几根白头发，脸上布满了皱纹，手也粗糙了，你会觉得怎么爱妈妈都不算多。

《论语》有云：“今之孝者，是谓能养。至于犬马，皆能有养。不敬，何以别乎？”意思就是说：对于父母不仅要“养”，更重要的是“敬”，否则与犬马无别。《孟子》中也有云：“孝子之至，莫大于尊亲。”古人说：“滴水之恩，当涌泉相报。”母亲给予我们生命，并含辛茹苦地把我们抚养长大，这恩情比天高，比海深。所以，我们说感恩从爱父母、关心父母、感谢父母做起，学会善待生命，进而感恩生命、报效祖国。

我提议大家明天给妈妈做一件暖心的事，写“三行情书”并制作成小礼物送给妈妈。

谢谢！

爱你们的朋友：黄培杰

校长每日一句

一个人幸运的前提，是他有能力改变自己。

致敬最美白衣天使——写在护士节

亲爱的同学们：

大家早上好！

5 月 12 日是一年一度的国际护士节，是为纪念现代护理学科的创始人弗洛伦斯·南丁格尔而于 1912 年设立的节日。其基本宗旨是倡导、继承和弘扬南丁格尔不畏艰险、甘于奉献、救死扶伤、勇于献身的人道主义精神。

2020 年的今天，我们更是怀着可敬心情祝全天下的白衣天使节日快乐！身体健康！2020 年更是书写了白衣天使的大无畏精神，她们塑造了最美的逆行者，奏写了一曲又一曲悦耳的歌，演绎着一个又一个动人的场面。她们争分夺秒抢救患者。耐心照料患者。正因为她们不放弃共同奋战，于是传来了一个又一个催人奋进的消息；正因为她们，我们能更有效地取得抗疫的阶段性胜利。我们也相信，有了她们，我们一定能战胜疫情，取得全面的胜利。

亲爱的同学们，当你呱呱坠地那一刻起，就是白衣天使用心地、充满爱心地把你接到了这个世界。当你不舒服到了医院，我们又可以看到忙碌的、耐心的白衣天使，她们任劳任怨，服务于病人，把温馨带给患者。我们没有理由不尊敬她们，我们没有理由不向她们致敬，我们要学习她们无私服务他人的精神。

我们赞美护士，她们奉献的是一丝丝温情、一份份关爱、一滴滴汗水、一份份真情；她们奉献的是最宝贵的青春，换来的是千家万户的幸福和健康拥有者的安心；南丁格尔精神永不灭。白衣天使，你们用对生命的爱实践着南丁格尔的诺言，你们用温柔的话语激励人们战胜病魔的信心，匆匆的脚步伴随你忙碌的身影，甜甜的微笑袒露你火热的心肠。

同学们，让我们以实际行动，用不同的方式为护士节增添色彩，让我们祝福护士们好人一生平安。

谢谢！

爱你们的朋友：黄培杰

校长每日一句

为了得到梦想的一切，你必须承受失去的一切风险。

小得盈满——写在小满

亲爱的同学们：

大家早上好！

小满，是二十四节气中夏季的第二个节气，每年5月20日到22日之间视太阳到达黄经60°时为小满。所谓小满，物致于此小得盈满，夏熟作物孕育的籽粒，开始灌浆而未满，小满物未成。满非作物颗粒饱满，而是雨水多的意思，充沛的雨水，有利于农作物的生长。也就是说，小满有两层含义：第一，与农候相关。“小满，四月中，谓麦之气至此方小满，因未熟也”；第二，与降水相关。谚语云：“小满大满江河满。”南方的暴雨开始增多，降水频繁。满，既可指籽粒之熟，也可指雨水之盈。

古代诗人写了很多关于小满的美丽季节诗词，如宋代欧阳修的《小满》：夜莺啼绿柳，皓月醒长空。最爱垄头麦，迎风笑落红。吴藕汀的《小满》：白桐落尽破檐牙，或恐年年梓树花。小满田塍寻草药，农闲莫问动三车。左河水的《小满》：江南沃野过插秧，江北麦稃便灌浆。西子湖边人好客，茶商宴过款丝商。

看，小荷才露，微微颔首；看，柳枝轻拂，水光潋滟，多么美丽的景象。

疫情的阴霾逐渐散去，路边的清风阵阵拂来，希望它会带去我的讯息。户外凉风习习，室内书声琅琅，真的令人欣喜悦目，令人甜蜜幸福。

再过两天我们的低年级萌娃们也要返校复课了，多令人开心、多令人向往的事啊。大家在开心的同时不忘记防护要求，守规矩，不自满，我遵守，我快乐，我健康。七、八年级的同学要做好守规矩按要求的榜样，多关心爱护我们的萌娃们哦！

同学们，月满则亏，水满则溢，将熟未熟，将满未满，小得盈满。不满，则空留遗憾；过满，则招致损失；小满，才是人生最好的状态。愿同学们都能小盈而满，平安健康，努力奋进，但要时常有知足常乐的心态调整自己，让自己永有进步的最佳状态！

谢谢！

爱你们的朋友：黄培杰

校长每日一句

勤洗手，吃饭不讲话不仅是一个人的卫生习惯和礼仪，更可以看出一个人的品位。

童心未泯，青春不老
——做好“三管”，拥有“四心”，实现“四好”

亲爱的同学们：

大家早上好！

六月的阳光格外艳，天空格外蓝，花儿格外香，笑语格外甜，歌声洒满了整个校园。队旗带着心愿迎风飘扬，笑脸伴着希望尽情绽放。在这个阳光灿烂、姹紫嫣红的初夏时节，我们迎来了第70个六一国际儿童节。我祝愿全校的孩子们度过一个健康、快乐、有意义的六一儿童节，祝大家快乐健康活泼成长！同时向辛勤耕耘、呕心沥血培育大家的教师们致以诚挚的谢意！向对你们付出了无私大爱的家长们表示感谢！

中央人民政府政务院于1949年12月23日发出通令，确定6月1日国际儿童节亦为中国儿童节，同时废除原中华民国1931年作出的4月4日为国际儿童节的规定。六一国际儿童节是全世界儿童的节日，也是全世界热爱儿童，爱好和平，为争取儿童生存、健康、受教育权利而斗争的纪念日。今天的我们是幸福的！我们在父母的怀抱里一天天长大，享受着亲人们无微不至的关怀；我们在老师慈祥的目光里一天天成长，感受着教师们亲切的谆谆教诲。同学们，“六一”是我们最快乐的节日，“六一”也是我们最高兴的日子。因为你们是家庭的宝贝，更是家庭的希望，你们能够快乐地成长，家庭就充满欢歌与笑语；你们是学校的孩子，更是学校的希望，你们能够全面地发展，学校就充满生机与活力，学校就桃李满天下；你们是社会的未来，更是社会的希望，你们能够和谐地发展，社会就充满热情与友爱；你们是祖国的花朵，更是祖国的希望，你们能够茁壮地成长，祖国就充满美好与希望。古人言：千里之行，始于足下。少年时代是美好人生的开端，远大的理想在这里孕育，高尚的情操在这里萌生，良好的习惯在这里养成，生命的辉煌在这里奠基，繁荣昌盛的美好前景在召唤着我们。我们要努力提高自身素质，在新的人生起点上，再接再厉，使自己成为21世纪祖国建设需要的栋梁之材。在爱的海洋里，我们在思索，我们在立志，绝不辜负祖国的培育，要无愧于我们伟大的时代，好好学习，天天向上，做建设祖国的栋梁。

同学们，2020年的六一儿童节更是非同寻常的，在庆祝的同时，我们更应该珍惜这来之不易的一切，更要致敬英雄，致敬白衣战士，有她们无私的奉献，才有我们今天能够摘下口罩自由、健康、幸福的学习与生活。我们更要尊重自然，敬畏生命，恩格斯曾经说过：不要过分陶醉于我们人类对自然界的胜利。对于每一次这样的胜利，自然界都对我们进行报复。于是我们要努力做好“三管”：一是管住自己的嘴。同学们，做人做事，一定要管好自己的嘴，话不能乱说，乱说会惹祸，同时说话要文明有礼貌，东西不能乱吃，乱吃会惹来疾病。二是管住自己的手。要养成良好的卫生习惯及爱劳动的习惯，主动帮助关心他人。三是管住自己的腿。不乱踩草地，爱护植物，保护自然，不横跨马路闯红灯，爱运动多走路锻炼身体，做健康有爱有礼有才快乐的新一代儿童、新一代的青年。在这特殊的时期里，我们还是不能掉以轻心，为了自己和他人的健康与平安，防疫不能放松，否则前功尽弃。同时要珍惜时光，努力学习，用线下的学习弥补线上学习的不足与遗漏，做到学习不停步，进步无止境。再者我们要提高思想认识，作为一名中国人是很幸福的，很自豪的。中国有中国的速度，中国有智慧与激情，相信我们每时每刻都在演绎着速度与激情，都在彰显着中国人的魅力，所以我们年轻的一代，没有理由不锻炼身体珍惜生命，没有理由不努力学习报效祖国。

同学们，儿童是温室的弱苗，儿童是祖国的花朵，儿童是天真的驿站，儿童是快乐的摇篮，儿童是未来的种子，儿童是岁月的画卷。童年不可回，童心不可弃，忘掉生活的负面，释怀所有的抱怨，留着纯真与情怀，揣着一颗奋斗、善良的心，童心未泯，青春不老，善良简单，快乐永远。我希望大家都拥有“四心”：要有宽阔的心，健康生活一辈子；包容的心，幸福生活一辈子；善良的心，无悔生活一辈子；保持童心，开心快乐一辈子！最后，我真心希望大家实现“四好”：做家中的好孩子，学校的好学生，社会的好少年，祖国的好人才。

谢谢！

爱你们的朋友：黄培杰

校长每日一句

童心是帆，快乐是风。

再见，红领巾！

亲爱的队员们：

大家上午好！

今天，是我们初二的同学离队的日子，是我们 197 位队员一生值得纪念的日子，想想大家从 6 岁时加入少先队，到现在红领巾已戴了 8 年。自入队以来，大家就一直接受队的教育，参加少先队活动，并在队组织和辅导员的关怀下不断地成长和进步。

在过去的日子里，相信大家早已经做到：

1. 良好习惯，文明礼貌；
2. 热爱生活，品德高尚；
3. 热爱学习，知识丰富；
4. 磨练意志，健康乐观。

而今天，虽然要离队了，但离队志不离，离队不止步。希望大家不要忘记鲜艳的红领巾，它被烈士的鲜血染红，它是国旗的一角；更不要忘记，红领巾伴随着我们经历的难忘岁月。

离队，是一个新开始，它卸去的是年少无知的陈衣，新的征程正等待着我们进发；中国共产主义青年团，这座你们人生中第二个里程碑，正等待全体队员向它靠拢，我希望大家更严格要求自己，努力创造条件，不断追求进步，向团组织提出申请，继续传承红色基因。

最后，我把习近平爷爷给广大少年儿童的寄语分享给大家：刻苦学习知识，坚定理想信念，磨练坚强意志，锻炼强健体魄，为实现中华民族伟大复兴的中国梦时刻准备着。

谢谢！

爱你们的朋友：黄培杰

校长每日一句

班德人德德得天下。

致美好的父亲节

亲爱的同学们：

大家早上好！

再过两天，没错，也就是6月21日星期天就是一年一度的父亲节。父亲节，顾名思义是感恩父亲的节日。父亲节始于20世纪初，起源于美国，现已广泛流传于世界各地，节日日期因地域而存在差异。最广泛的日期在每年6月的第三个星期日，世界上有52个国家和地区是在这一天过父亲节。节日里有各种庆祝方式，大部分都与赠送礼物、家族聚餐或活动有关。父亲节也许没有像其他节日那样的隆重，但依然很有意义，那是因为父亲是家庭的顶梁柱，要保护着、爱护着全家老少，那是父亲的伟大、责任与胸襟，那是父亲的爱从来不善于言辞表达。当然，一提到父亲，我们自然而然就会想起朱自清笔下的《背影》和歌曲《父亲》《父亲对我说》，真让人热泪盈眶。

是的，有一种爱高度大过山，有一种爱深度大于海，有一种爱宽阔赛过天，有一种爱分量重于金，这种爱叫父爱。父爱是一本书，书写浓浓关爱；父爱是一堵墙，遮挡无尽风雨；父爱是一盏灯，照亮似锦前程；父爱是一条河，流淌殷殷关切。父爱如高山，连绵伟岸；父爱如清泉，滋润心田；父爱如春风，吹开笑脸；父爱如阳光，永远温暖；父爱如大厦，避暑挡寒。您用您毕生的力量，灌溉着我生存的土壤。您用双手搭建心灵的小屋，您用臂膀撑起家庭的天空，您用慈爱筑起大爱的堤坝，您用辛劳创造幸福的传奇。父爱像座山，含蓄又深长。关于父爱的赞美与歌颂很多，但有时很难用言语真正彰显父爱，用再多的词句诗歌也不够全面概括父爱。

同学们，恰逢父亲节，我提议你可以给父亲做一件暖心的事，让他开心惊喜，如：制作一份礼物，端一壶热茶，写一封信等，把一直没有表达的爱和感谢用不同的方式表达。当然，感恩父亲不仅仅只有在父亲节当天，我更希望大家能珍惜父亲的教诲与陪伴，更能时刻关心、尊重、感恩父母。

谢谢！

爱你们的校长朋友：黄培杰

校长每日一句

万众一心，其利断金。

夏　至

亲爱的同学们：

大家早上好！

“骄阳渐近暑徘徊，一夜生阴夏九来。”北京时间6月21日5时43分，迎来二十四节气的第十个节气——夏至。伴随着接天莲叶的碧绿和映日荷花别样红，一年中最热的时候登场了。

《三礼义宗》有云说：“夏至为中者，至有三义：一以明阳气至极，二以明阴气之始至，三以明日行之北至，故谓之至”。即夏至的至，一代表阳气鼎盛，二代表阴气萌生，三代表阳光直射到最北的位置。

夏至也被称为“水节”或者“水节气”。天上就像有个装满水的袋子，整天往下倒水。“夏至东南风，当日就满坑。”过了夏至时节，才会稍好一些。所以谚语说“夏至未过，水袋未破”。没过夏至，您就很难指望雨过天晴。人们发现，临近夏至时节不仅各地的雨水苦乐不均，就是眼皮底下，也经常是东边日出西边雨。夏雨隔牛背，一头牛可能这半边儿淋雨，那半边儿晒太阳。

《淮南子》中有“五月为小刑”的说法。因为农历五月夏至阳之极，阴之初，即有轻微杀气。到了夏至，阳气盛极而衰，开始走下坡路了。所以人们需要做的不是庆贺，而是在饮食起居方面注意自我养护，多锻炼身体，晨起早锻，注意饮食。夏至过后，太阳直射地面的位置开始南移，北半球的白昼逐渐缩短。民谚有“吃过夏至面，一天短一线”的说法。夏至正值麦收，时至今日，我国民间还保留着“夏至”吃各种面食的习俗，取“喜尝新麦，庆祝丰收”之意。

古籍《周礼·春官》记载：“以夏日至，致地方物魈（xiāo，山中鬼怪）。”在古代，人们在这一天祭祀神灵、祖先，以感谢天赐丰盈，并祈求清除荒年、饥饿和死亡，祈愿美好。

古代很多文人也以诗歌的形式描述夏至的诗意。夏日风物，琳琅满目。诗词赏趣，无风亦凉。如宋代苏舜钦写有《夏意》一诗：别院深深夏簟清，石榴开遍透帘明。树阴满地日当午，梦觉流莺时一声。唐代李白写有《夏日山中》：懒摇白羽扇，裸袒青林中。脱巾挂石壁，露顶洒松风。

夏至除了是昼夜变化的界限之外，还是盛夏的起点，夏至过后不久，一年中最热的时候就要到了。此时节，人的脾胃功能差，食欲不振，多吃苦味的食物有助于恢复脾胃功能，如苦瓜、芹菜、芦笋、苦荞麦等。此外，应及时补充水分，充分饮用凉开水、淡盐水、绿豆汤等饮品。适当休息和运动，“心静自然凉”。

同学们，夏至好时光，奋斗正当时，愿大家向阳而立，拥抱无限生机，拥抱美好未来。

谢谢！

爱你们的朋友：黄培杰

校长每日一句

保持勤奋的精神，科学的方法，良好的心态！

端午读屈原

亲爱的同学们：

大家早上好！

端午节，又名“端阳节”“重五节”“天中节”“浴兰节”等。讲到端午节我们会想到龙舟赛、龙舟水，会想到屈原，会想到吃粽子……

五月榴花照眼明，家家儿女啖香粽。每年农历五月初五，是我国传统的端午节。端午节在我国已有两千多年的历史。自从屈原向着汨罗江纵身一跳，他峨冠博带的高大身影就成了中华民族历史长河中永远挺立的丰碑，他光照日月的伟岸形象就成了一代一代华夏子孙永远崇仰的图腾。端午，最终成为屈原的纪念日。

究竟是怎样的人格魅力，使屈原成为最深入人心的端午节文化象征？

屈原的人格魅力，首先源于他的忠贞爱国。春秋战国时代，人才流动频繁，很少人有忠于国家的坚定信念。不仅苏秦、张仪这样的纵横家朝秦暮楚、事无定主，就连孔子、孟子也周游列国，希望择良木而栖，依靠“明君”推行自己的政治主张。这样熙熙攘攘四方纷涌的人潮中，唯独屈原，从未离开过自己的国家，即使遭到朝廷的流放，也没有动摇对楚国的忠贞。我们读一读他的《橘颂》吧，他这样唱道：“受命不迁，生南国兮。深固难徙，更壹志兮！”他深信自己就是一棵橘树，只有生长在南方才能枝叶丰茂，只有扎根楚国才能贡献佳果，这是他甘愿承受的宿命，更是他甘愿担当的使命！正是挫败与打击显示了屈原对信念的执着，他对着君王急切地高呼：“不抚壮而弃秽兮，何不改乎此度？乘骐骥以驰骋兮，来吾道夫先路！”他要做君王的向导，扶持君王抛弃恶德飞扬驰骋，可惜，他唤不醒一个“装睡的人”。悲愤的屈原仍然发出了最令人肃然起敬的宣言：“路漫漫其修远兮，吾将上下而求索！”这两句诗告诉我们，屈原对道路的艰险、现实的残酷其实有清醒的认识，他不是在一种盲目的乐观中误打误撞地成就了永不言弃的形象，他是用洞察黑暗的眼睛在求索光明，是面对毫无悬念的失败而仍旧“九死不悔”。这才是对理想的执着，这才是对信念的坚定，凭着这种执着坚定的力量，屈原就像一个在黑暗中爆裂的天体，悲壮地迸射出照耀宇宙的光芒。

屈原的人格魅力，更源于他的立美修德，洁身自好。屈原无疑是一个有责任感和使命感的人。对国对君，他“恐皇舆之败绩”，担心社稷覆亡；对人民，他“长太息以掩涕兮，哀民生之多艰”。对于自己的家族，对于自己，他也有着仿佛与生俱来的责任意识。《离骚》开篇，他自叙身世，从祖先说到父亲，说到自己吉祥的生日，说到自己中正美好的名和字，字里行间，充满了对家族世系的自豪自尊、对自己这个生命的自珍自重——这种种的“自爱”，在有些人身上会演变成自大自恋的狂妄，在屈原身上，却催生出自励自强的责任、洁身自好的情操。你听他说：“纷吾既有此内美兮，又重之以修能。扈江离与辟芷兮，纫秋兰以为佩。”他珍视自己先天的美好资质，又积极养成各种优秀的才能；他重视内在的修养，也不忽视外在的仪容。他“制芰荷以为衣兮，集芙蓉以为裳”，在身上装饰着各种鲜花香草，并戴上高高的切云冠，佩着象征刚直不阿的长剑，他对身与心两方面的美，都追求到极致。可当时的楚国是怎样的世道？“世溷浊而嫉贤兮，好蔽美而称恶”，屈原正是一朵遭到污泥包围的莲花，要做到“不染”，谈何容易？怀瑾握瑜，坚守真、善、美，宁为玉碎，不为瓦全——这就是屈原的选择。司马迁有一段议论，毫无保留地对屈原进行了赞美：“其志洁，故其称物芳。其行廉，故死而不容。自疏濯淖污泥之中，蝉蜕于浊秽，以浮游尘埃之外，不获世之滋垢，皭然泥而不滓者也。推此志也，虽与日月争光可也。”

同学们。我们的节日里不能缺少端午，我们的传统文化不能缺少屈原，我们每个人的精神家园里、人格养分里，更不能缺少屈原的品德。让我们至少在每一个端午，读《离骚》，读屈原，用眼、用口、用心，去体验，去品悟。

谢谢！

爱你们的朋友：黄培杰

校长每日一句

美丽、活力的校园因为有你才出彩！

远离毒品，珍爱生命

亲爱的同学们：

大家早上好！

今天是6月26日，是一年一度的国际禁毒日。国际禁毒日（International Day Against Drug Abuse and Illicit Trafficking），全称是禁止药物滥用和非法贩运国际日。1987年6月，在奥地利首都维也纳举行了联合国部长级禁毒国际会议，有138个国家的3 000多名代表参加了这次国际禁毒会议。这次会议通过了禁毒活动的《综合性多学科纲要》。26日会议结束时，与会代表一致通过决议，从1988年开始将每年6月26日定为“国际禁毒日”，以引起世界各地对毒品问题的重视，同时号召全球人民共同来解决毒品问题。

毒品恶如虎，毒品危害大，归纳起来就是：毁灭自己、祸及家庭、危害社会。毒者，迷人心窍，食人血肉，毁人不倦，轻亦健康不复，百病缠身，重则家破人亡。

作为青少年一代，我们要充分认识和积极宣传毒品的危害以及禁毒的必要性；要远离毒品，不要有好奇心，不要心存侥幸而沾染上毒品，做到珍爱生命，拒绝毒品；积极与各种毒品违法犯罪行为做斗争。在日常生活，我们要做到以下几点：（1）接受毒品基本知识和禁毒法律法制法规教育，了解毒品的危害，懂得“吸毒一口，掉入虎口”的道理。（2）树立正确的人生观，不盲目追求享受，寻求刺激，赶时髦。（3）不听信毒品能治病，毒品能解脱烦恼和痛苦，毒品能给人带来快乐等各种花言巧语。（4）不结交有吸毒、贩毒行为的人。如发现亲朋好友中有吸、贩毒行为的人，一是要劝阻，二要远离，三要报告公安机关。（5）青少年要洁身自好，树立正确人生观，追求健康的生活情趣。（6）加强学习，用知识充实自己。青少年要积极宣传毒品的危害，自觉地与吸毒、贩毒等不法行为做斗争，珍爱生命，终身远离毒品、拒绝毒品，向幸福靠拢。

谢谢！

爱你们的朋友：黄培杰

校长每日一句

要让事情改变，先改变自己。

传承共青团红色基因，不负青春使命

亲爱的同学们：

大家早上好！

在入团仪式上，新团员站在烈士们用鲜血染红的团旗下，进行庄严的宣誓，这对每个同学来说都是经历了一次心灵的洗礼、一次严肃而庄重的教育。它意味着你们不仅享有一个光荣的称号，更意味着你们承担了团结和带领同学们一同前进的光荣责任。

同学们，中国共产主义共青团作为中国共产党领导的先进的青年组织，是中国共产党的有力助手和后备军。穿岁月峰头，伴历史云烟，一代代优秀青少年为民族复兴做出了卓越的贡献！而现在，新团员们，你们为共青团注入了新鲜的血液，增添了新生力量。祖国的未来是美好的，身处在这样一个盛世，我们应该感到自豪，更要继承先烈遗志，循火红足迹，也许经坎坷征程，但始终站在时代的峰顶浪尖。青春不停步，永远跟党走。

十四五岁是诗一样美妙的年纪，我们一定要珍惜每一个成长的阶段，更要珍惜这美好的青春年华。希望同学们能像誓词中所说的那样：坚决拥护共产党的领导，遵守团的章程，执行团的决议，履行团员义务，严守团的纪律。时刻牢记自己是一个共青团员，严格要求自己，不断规范自己的言行。在生活、学习和工作中真正起到先锋模范带头作用。

壮志欲凌云，立足当实地。最后，希望同学们记住今天的青春誓言，在团组织的领导下，脚踏实地，虚心学习，不断进取，积累智慧，真正从思想上加入到团组织中去，以实现自己的入团誓言，最终实现自己的人生追求。不辜负社会和人民的期望，努力学习，崇尚科学，追求真知，为团旗增辉，为团旗添色，为早日成为国家栋梁之材而发奋图强！最后用我们伟大开国领袖毛泽东的豪言与大家共勉：

问苍茫大地，谁主沉浮？数风流人物，还看今朝！

谢谢！

爱你们的朋友：黄培杰

校长每日一句

以精彩生命为镜。

“七一”感怀

亲爱的同学们：

大家早上好！

今天是中国共产党建党日。没有共产党就没有新中国，中国从站起来，到富起来，再到强起来，都离不开共产党的领导。在2020年这场“抗疫阻击战”中我们更看到中国共产党的伟大。“五星红旗迎风飘扬，胜利歌声多么响亮，歌唱我们亲爱的祖国，从今走向繁荣富强”。这首《歌唱祖国》，是无比动听的音乐，是无比美妙的歌词，我相信它在我们心中是最美的一首歌，每当听到这首歌，我心中的激动之情油然而生，而在这亲爱的祖国中有一个我深爱的党，叫中国共产党。时值2020年“七一”，伟大的共产党走过了99年风雨兼程，回顾这段历程，我们更要懂得“弘扬革命传统，牢记初心使命”。此时，我还很清晰地记着我入党时在党旗下宣誓的激动与自豪。誓词虽短，意义不浅，没错，每一个人要有信仰、信念，这样会不断激励着我们前进。我光荣地加入少先队，努力学习，不断追求进步，然后光荣入团，更让我明确努力的方向，积极学习，更是努力创造条件，向党组织靠拢，这一切都让我感到有无比力量，感到无比自豪，一直以来，我都带着一颗崇敬的心面对着我们亲爱的中国共产党，因为它是以为人民服务的精神，在困难面前永不退缩，这也是一直鼓舞着我前进的动力。我也真心希望亲爱的孩子们，你们能够有信仰、信念，不断努力学习，追求进步，积极自觉主动传承红色基因，做传承红色基因的新一代优秀青年。

庆祝是为了更好地传承，传承是为了更好地发展，在这特殊的日子里，“七一”有感，与大家分享。

说到这里我想起《三国演义》书中有一段，说的是刘备打了大败仗，有人报告说，“常山赵子龙反了，投奔曹操去了！”刘备说，“子龙是我的故人，怎么能反呢？”这时，不明真相的张飞说：“赵子龙可能贪图富贵，真的去投奔曹操了！”刘备说：“子龙与我相识于患难，他跟我心如铁石，富贵岂能动摇他的意志！”手下又说：“我亲眼看见赵子龙带着队伍投曹操去了。”刘备坚定地说：“子龙领军去曹操处，其中必有缘故。再有说子龙反者，斩！”刘备的这个手下是谁呢？就是投奔孙权，导致关羽兵败被杀的糜芳，此人巧舌如簧、偷奸耍滑。但刘备不为所动，始终高度信任赵子龙。赵子龙也没令其失望，他七次出入敌阵，杀敌无数，怀抱刘备的幼子刘禅，平安地回到刘备身边，让敌人闻风丧胆。这个故事里，刘备对赵子龙，老实人对老实人，推心置腹成就了一番美谈。糜芳机关算尽、挑拨离间，则为后世所不齿。故事告诉我们在做人处事要真实，做到老实、踏实、朴实、真诚、忠实、忠诚，做事光明磊落，这就是我们党的要求。

人生不如意事十之八九，可说与人无一二。工作中我们经常感到身上或有知识储备上的不足，或有反应能力上的不足，或有口才辨识上的不足，或有脾气个性上的不足等；生活中也经常遇到无能为力、磕磕碰碰等不顺心的事情，挫折感、挫败感经常打击我们的自信心，有的人就此一蹶不振，始终背负着失败的包袱，始终迈不过去这道坎，还有的杞人忧天，叹息命运的不公，时也、命也，为自己的种种“不幸遭遇”找来大堆客观理由，没有“天道酬勤”的精神，没有“狭路相逢勇者胜”的勇气，结果越陷越深，恶性循环，这实际上也是一种自我欺骗、自我麻痹。所谓“天行健，君子以自强不息”，在遇到困难和挫折的时候不要逃避，要勇于面对，奋力而为，快马加鞭。“有一日未死之身，则有一日未闻之道”，这是要求我们要有自强之志，敢于“抽鞭子”，敢于面对困难，迎难而上，变压力为动力，知重负重，攻坚克难，有担当，善团结，会合作，开心学习，快乐工作，幸福生活。

同学们，有句话讲得好，“没有比脚更长的路，没有比人更高的山”，再长的路我们用脚都走过来了，再高的山，我们用脚也登上去了。希望我们在压力面前，勇者无惧，心中有信仰，心中有信念，有理想抱负，有天下国家的信念，心系祖国，放眼世界，时刻准备到祖国最需要的地方去，为实现中华民族伟大复兴的中国梦而添砖加瓦。

谢谢！

爱你们的朋友：黄培杰

校长每日一句

劳动让人生更充实。

谁是最可爱的人

亲爱的同学们：

大家早上好！

今天是中国人民解放军建军93周年，是八一建军节。八一建军节是中国人民解放军建军纪念日，定为每年的八月一日，由中国人民革命军事委员会设立，为纪念中国工农红军成立的节日。1933年7月11日，中华苏维埃共和国临时中央政府根据中央革命军事委员会6月30日的建议，决定8月1日为中国工农红军成立纪念日。1949年6月15日，中国人民革命军事委员会发布命令，以“八一”两字作为中国人民解放军军旗和军徽的主要标志。中华人民共和国成立后，将此纪念日改称为中国人民解放军建军节。在这特殊的节日里，让我们一起祝福最美的人——祖国的战士，祝他们节日快乐，平安，幸福。

中国从站起来，到富起来、强起来，中国到今天在世界上有尊严，立足于世界的民族之林；不管是在战争年代，还是在和平年代，处处都有我们的战士在浴血奋斗，在用生命保护我们以及祖国的安全，他们用自己的身躯，用最平凡的工作，在平常的一点一滴中彰显了最美和最可爱的人的光辉形象。我们希望他们有荣誉，有奖章，但我们更希望他们一生平安，每一次执行任务都能平安地回到家，与家人团聚，作为年轻一代，我们要学好本领，时刻保卫祖国、人民的安全，时刻捍卫祖国领土完整，时刻为建设富强、魅力、美丽的祖国添砖加瓦。我们要用实际行动践行初心使命，弘扬爱国拥军传统，让革命的精神代代流传，薪火相传。

“所有的岁月静好，都是有人替我们负重前行。”这是我们最真切的感受。在今天，我们也不能忘记那些为了祖国明天的美好而流血牺牲，献出宝贵生命的英雄。他们响应祖国的号召应征入伍，在民族危难之际，在国家需要时，挺身而出，为国防建设、人民的幸福生活做出了不可磨灭的贡献。

谢谢你们！最可爱的人！时代的英雄们！同学们，今天让我们一起致敬中国军人，让我们一起永远致敬祖国最美的最可爱的人。

谢谢！

爱你们的朋友：黄培杰

校长每日一句

两点之间最短的距离并不一定是直线。

师恩似海

亲爱的同学们：

大家早上好！

时维九月，天高地迥，宇宙无穷，生命不息。大家都知道每一年 9 月 10 日是教师节。教师节，旨在肯定教师为教育事业所做的贡献，弘扬尊师重教。在中国近现代史上，多次以不同的日期作为过教师节。直至 1985 年，第六届全国人大常委会第九次会议通过了国务院关于建立教师节的议案，才真正确定了 1985 年 9 月 10 日为中国第一个教师节。

德国存在主义哲学家雅思贝尔斯说：“教育的本质意味着 ：一棵树摇动另一棵树，一朵云推动另一朵云，一个灵魂唤醒另一个灵魂。”建设教育强国是中华民族伟大复兴的基础工程，是国家富强、民族振兴、社会进步的重要基石。教育事业崇高而伟大，教育职业神圣而光荣。古人云：“经师易求，人师难得。”一个优秀的教师应该是“经师和人师”的统一，既要精于“授业”“解惑”，更要以“传道”为责任和使命。好教师心中要有国家和民族，心中更要有学生，要明确肩负的国家使命和社会责任。

习近平总书记在全国教育大会上强调，教师是人类灵魂的工程师，是人类文明的传承者，承载着传播知识、传播思想、传播真理、塑造灵魂、塑造生命、塑造新人的时代重任。人民教师无上光荣，每个教师都要珍惜这份光荣，爱惜这份职业，严格要求自己，不断完善自己。教师不能只做传授书本知识的教书匠，而要成为塑造学生品格、品行、品位的“大先生”。“师者，人之模范也。”教师是“千教万教，教人求真”，而学生是“千学万学，学做真人”。在学生眼里，教师是“吐辞为经、举足为法”，一言一行都给学生以极大影响。所以教师更要激励自己、约束和鞭策自己。从我做起，从把小事做好，把小事做到极致起，以小见大，积少成多，无声浸润学生的心田，引领学生健康成长。

同时教师应执着于教书育人，有热爱教育的定力和淡泊名利的坚守。优秀教师要术业有专攻，时刻铭记教书育人的使命，以学术造诣开启学生的智慧之门，还要有“捧着一颗心来，不带半根草去”的奉献精神。

百年大计，教育为本；教育大计，教师为本。一方面展示教师们的师业、师爱、师能和师风，争做“四有”好老师，做好“四个引路人”和“四个相统一”，弘扬师德正能量，树立好老师榜样；另一方面帮助青年教师坚定“师业”，唤醒“师爱”，提升“师能”，成就“师风”，以实际行动践行初心使命，做担当起“时代重任”的人民教师，做能为新时代培养民族复兴人才的教师。

同学们，我们一定要刻苦努力学习，尊师重教，在平时的一点一滴中去践行饮水思源。

谢谢！

爱你们的朋友：黄培杰

校长每日一句

别让人生输给了心情，心情不是人生的全部，却能左右人生的全部。

明月千里寄相思

亲爱的同学们：

大家早上好！

俗话说：月怕十五，年怕中秋，每一周最怕星期三，这也说明了这几个时间点很重要，同时也说明了时间过得很快，时不我待，要珍惜每一天。

中秋节是一个历史悠久的传统节日。根据史籍记载，“中秋”这个词最早在周代出现；作为节日，它在西汉时已初具雏形；到了唐代，中秋赏月、玩月活动开始盛行；北宋太宗年间始定八月十五为中秋节；明清以来，中秋节成为我国仅次于春节的重要传统节日。

在几千年的历史积淀中，中秋节的民俗事象不断丰富，文化内涵极为厚重。因此，2006 年 5 月 20 日，经国务院批准，中秋节与春节、清明、端午、七夕、重阳一起，被列入第一批国家级非物质文化遗产名录，充分表明了我们国家对传统文化的传承与重视。

首先，中秋节是人们的情感和自然现象结合得最紧密的传统节日，这种结合的纽带，就是天上那轮明月。远古先民日耕夜作完全仰仗“天时”，而月亮的圆缺成为制定历法的重要依据，在人们的农业生产中起着重要的作用。人们对月亮心生敬畏，自周朝起，祭拜月亮的习俗绵延至今。每年秋收时节，人们选择月亮最圆的这个晚上，合家欢聚，在洒满清辉的院子里备好祭桌，斟上三杯甘醇的桂花酒，摆上几样飘香的瓜果，既为这一年的五谷丰登向月亮致谢，也为下一年的风调雨顺对月祈祷。这种仪式代代相传，渐渐地，人们眼中那一轮晶莹皎洁的玉盘，美丽超过了神秘，亲切代替了高冷，人们对月亮的情感由敬畏变成了喜爱，中秋对月亮恭敬的祭拜也就变成了愉悦的欣赏，人与自然的关系更加亲切温暖，更加融洽谐和。在当今这个科学技术高度发达、生产效率全面提高的时代，如果我们能对大自然保有敬畏、心存热爱，不再粗暴地与自然对抗，不再冷漠地与自然疏离，我们物质的家园与精神的家园都将更加美丽。

其次，中秋节是最浪漫最抒情，最具有文学色彩的传统节日。尽管人类已经登上月球，我国的“嫦娥”登月探测器也拍回了月球表面“颜值”超低的照片，但中国人看月亮绝不是一个寒冷丑陋的星球，而是一个有嫦娥起舞、吴刚伐桂，有玉兔金蟾、琼楼玉宇的神话世界。因为古往今来，月亮始终陪伴着中国人，以它的阴晴圆缺与我们的悲欢离合无声地发生着共鸣——月亮是人的朋友，可与人心灵沟通，如果你独自饮酒，无人陪伴，你可以“举杯邀明月，对影成三人”；如果你送别友人，依依不舍，你可以“我寄愁心与明月，随君直到夜郎西”；当你思亲念远，辗转反侧，月亮会“转朱阁，低绮户”，来为你“照无眠”；当你缅怀古迹，心潮暗涌，月亮会不辞辛苦“夜深还过女墙来”，陪你触景伤情……有了这样多情的月亮，中秋节自然是最富有诗情画意的节日，它本身也成为中国文学中一个极为重要的意象，在文人墨客的生花妙笔下流淌着动人的诗心文韵：唐朝王建的“中庭地白树栖鸦，冷露无声湿桂花。今夜月明人尽望，不知秋思落谁家?”；宋朝苏轼的“但愿人长久，千里共婵娟”，还有他的“暮云收尽溢清寒，银汉无声转玉盘”……无数脍炙人口的名句，写出独属于中秋节的恬静清雅、美丽深邃，反映了中国人民丰富瑰丽的想象力和浪漫温暖的情怀。不能不说，中秋节为我们的传统文化创造了一笔无比宝贵的精神财富。

最后，必须说到，中秋节还是一个最重视团圆美满的传统节日。中华儿女赋予了“月圆”丰富的人伦内涵，“圆”在中华文化里不仅仅是简单的几何图形，而是代表着“完整”“周全”“美满”。中秋之夜，花好月圆，人们格外希望人间也团圆，夫妻团圆、亲友团聚、家庭和睦、社会和谐。“团圆”成为中华儿女共同追求的生活愿景，成为中华民族的心理特征之一。这种心理特征，造就了中国人的整体感、集体观，使中国人把个人情怀与家国之思完美地契合起来。

中秋节对我们来说，是一个心灵的磁场，能够引发心灵感应，凝聚文化认同，无论我们身在何处，都会觉得“月是故乡明”；只要心存故乡明月，中华儿女即便分散四海，也会有“天涯共此时”的心理共鸣。这是文化积淀形成的民族心理，是文化的共同认同，这也是中华民族强大发达的根系当中最为茁壮的一支，它也将是实现我们伟大强国之梦有力的支撑！

谢谢！

爱你们的朋友：黄培杰

校长每日一句

成功来自于尝试与执着。

别样的冬至，别样的生活

亲爱的同学们：

大家早上好！

冬至是“二十四节气”之第22个节气，斗指子，太阳黄经达270°，于每年公历12月21—23日交节。相传冬至是二十四节气中最早被制定的一个，为二十四节气之首。据文献记载，在春秋时期，中国人就用土圭观测太阳，测出了冬至。根据研究，冬至是北半球各地一年中白昼时间最短的一天，也是全年正午太阳高度最低的一天。古人认为，冬至为一年中阳气最弱的一天，此后则阳气渐渐回升。时至冬至，民间便开始“数九”计算寒天了，民谚云：“夏至三庚入伏，冬至逢壬数九。”冬至吃汤圆是我国的传统习俗，在江南尤盛，可以用来祭祖，也可以互赠亲朋，还代表团圆之意。

唐朝·杜甫《小至》中说道：“天时人事日相催，冬至阳生春又来。刺绣五纹添弱线，吹葭六管动飞灰。岸容待腊将舒柳，山意冲寒欲放梅。云物不殊乡国异，教儿且覆掌中杯。”这意味着人生最难翻越的高山就是生活里的至暗时刻！但是我们如果能在“冬至”的哲学里感悟生命，懂得“阴极之至，阳气始生”的道理，在寒冷的冬天知道春天已经离我们不远，在最黑暗的时刻知道曙光就在前面，就能提高我们战胜困难的勇气！那么，走过隆冬我们就会迎来春天，度过黑暗就会迎来黎明！时间不等人，人生的下一站来得比你想象得更快，要珍惜眼前事、眼前人，时间不会因为人的问题而停下来。

古人认为：“冬至一阳生”，天地阳气开始回升，为“大吉之日”。正是“阴极之至，阳气始生”，即所谓的物极必反。节气是一个引领者，引领我们感悟自然的同时，也深刻地感悟生命。每一个节气都蕴含着深刻的哲学。“冬至”的哲学就是告诉我们物极必反的道理。我们大多数时间都容易被事物的表象迷惑，看不到事物的本质。如在天寒地冻的表象下，不知天地阳气已开始回升；就像最黑暗的时候，看不见光明，其实呢？曙光就在前面！杜甫诗云“天时人事日相催，冬至阳生春又来”。是的，天时人事，每天变化得很快；天道轮回，寒冬过后就是春暖花开的季节，人生何尝不是如此！2020年，我们也面临着“至暗时刻”，但我们举国上下一条心，攻坚克难，最终战胜迎来了光明。我们效法万物的自然、自由、自在，尊重自然，敬畏生命，回归本心，做清静、恬淡、活泼、自由、自在、自然的自己。

文人墨客关于冬至的诗歌也都说明冬至的人生至理。如杜甫的《至后》：“冬至至后日初长，远在剑南思洛阳。青袍白马有何意，金谷铜驼非故乡。梅花欲开不自觉，棣萼一别永相望。愁极本凭诗遣兴，诗成吟咏转凄凉。”白居易的《邯郸冬至夜思家》：“邯郸驿里逢冬至，抱膝灯前影伴身。想得家中夜深坐，还应说着远行人。”

同学们，冬至是一个团圆的日子，是学习的好时机，也是孝顺感恩的好日子。俗话说：冬至大过年。让我们反思所做所得，在年末来临之际，加油继续努力，让春之计更完美，让一年更有意义。

谢谢！

爱你们的朋友：黄培杰

校长每日一句

生命是一种过程。

以德启智　启智润心

享受学习过程的快乐

亲爱的同学们：

早上好！

自从“停课不停学”政策施行、线上线下教育活动开展以来，我们做的每一件事、上的每一节课，举办的每一个活动都是认真的，同学们是认真的，家长们也是认真对待的。这种活动中学、学中玩、玩中体验、体验中升华，给生活添加了色彩，增加了学习的仪式感及和谐幸福感。也许这段时间提高了摄影技术，培养了很多摄影爱好者，将来也许成了摄影师；也许这段时间培养了很多美食家，将来成了大厨师；也许这段时间为将来成长为设计师奠定了基础。也许的也许，这些都是为将来的终身幸福奠基的，这些都是大家在这特殊时期善于转变学习的方式和思维的方式，善于把不利转化为有利的方式。我们经常讲“英雄不问出处”“只问耕耘，不问收获”等等，这些也说明了要注重过程，要享受过程的精彩，享受学习带给我们的快乐！

同学们，努力吧！我们相信收获一定属于大家，进步、优秀一定非你们莫属！

谢谢！

爱你们的朋友：黄培杰

校长每日一句

人生有尺，需要有度。

如何克服自己的“不自律”

亲爱的各位孩子们：

大家早上好！

线上教育活动已经进行了一段时间了，大家从未尝试到熟知，从开始觉得新鲜到后来变成常态，线上教育成为主角的这段时间，大家都表现得非常棒！我在这里特别表扬各位的认真，点赞各位的自觉，高兴大家的成长！当然，大家偶尔也会有点偷懒、想偷懒，这些都很正常，我也很理解大家。但如果出现这种现象我们该怎么办呢？今天我不妨来告诉大家如何克服这种现象：

当我们想偷懒时，可以“寻找学习伙伴”、可以“目标分解”，把一个大问题分成几个小问题，与同学探讨，发挥学习小组的群体合作作用。

在自律性较差时，还有一种很有效的自发驱动策略：IDR 策略。

这个策略是美国著名心理学家菲尔图，在《意志力是训练出来的》（大家有机会可以阅读这本书）一书中所提出。

I 指的是幻想自己（imagine yourself）：想象自己正在做这件事时的美好样子，并努力做到那个样子。比如，可以想象一下自己学习时精神高度集中，进入一种无所不能的状态。

D 指的是描绘愿景（describe the future）：在偷懒时，拿出几分钟来冥想，在心中描绘出习惯养成后的愿景。比如，可以想象自己拿到高分时，自己的成就感和家人的喜悦。

R 指的是及时奖励（reward in time）：当战胜懒惰时，就给自己颁发一种奖励。比如，当你今天完成了全部目标，就奖励自己一点零食。

孩子们，线上学习不是课堂搬家，而是要以自己为主体，自觉性、自律性、主动性要强，要借此培养自己的学习习惯，培养自己的自学能力、思考能力、独立思维能力、线上沟通能力。孩子们，我相信，今天这个策略一定对你有所启发及帮助，我相信你们一定会做得更好！让我们用知识缝制铠甲！

美国总统罗斯福曾说：有一种品质，可以使一个人从碌碌无为的平庸之辈中脱颖而出，这个品质不是天资，不是教育，也不是智商，而是自律。养成自律习惯的孩子，赢得的不仅是一时的好成绩，而是以后更幸福更成功的人生。今天我想跟大家分享自我管理的几个习惯。

1. 凡事提前 10 分钟。凡事提前 10 分钟，会让你有更充裕的时间应对可能的突发事件，更加从容。试着把起床闹钟提前 10 分钟，你就会发现你出门不必急匆匆，早饭也可慢慢享用，一整天的状态也更精神抖擞。

2. 工作前梳理，工作后整理。工作之前，把一天要做的事按重要和紧急列出一个四象限，先完成重要且紧急的事，最后完成不紧急也不重要的事情，每完成一项就打个勾，保证今日事今日毕。工作结束之后再进行整理回顾，看看哪些地方还可以提高效率。

3. 遇事少抱怨。抱怨是一种很负能量的行为，抱怨只会让人过过嘴瘾，给自己的平庸找一个外界因素作为借口，并不会改变你的处境。所以请不要抱怨，并远离爱抱怨的人。如果不满意现状，就努力改进。

4. 多发现别人的优点。君子和而不同。每个人都是独特的个体，你可以不用完全认同他人的观点和处事方式，但要抱着欣赏的态度与他人交往，发现他有什么优点可以被你吸取。

5. 坚持运动。健康，是人生一切成就的根源。

6. 保持阅读习惯。读书会潜移默化地涵养你的心灵、塑造你的气质，每天晚上放学后抽出半小时看看书，养成阅读的习惯，久而久之就会发现自己的见识和谈吐不一样了。阅读能开阔自己的眼界，决定自己的高度，把控自己的格局。阅读能正人、正世、正己。

7. 养花、练字。精心养育植物，用心练字，此乃修心养性也，让人有爱心、耐心、恒心，让人能静下心、潜下心。大家应该多去班级的植物园看一看自己育养的植物，看看它们经过暴风雨的洗礼，是否还继续坚强地挺立着呢?

同学们，养成良好的生活、学习习惯是自我管理的开始，需要我们有恒心，执着努力追求。

谢谢!

爱你们的朋友：黄培杰

校长每日一句

只要不放弃，人生自芬芳。

学习的内涵

亲爱的同学们：

大家早上好！今天是一个好日子哦！

孔子曰：知之者不如好之者，好之者不如乐之者！

今天我想跟大家谈谈“学习”。如果是我们简单地把“学习”理解成只是学知识、学本领，或者是课堂的学以及课后的简单延伸，那未免太简单了。如果有这样的认识，当然就会出现累，感到困难，觉得枯燥无味。我认为“学习”，不单是学习知识、掌握本领，更是习一种习惯、态度；养成对日后会热爱生活、工作的态度，爱思维、善于思考的习惯，团队合作的态度，善于挑战的能力品质，等等。否则，我们就不会强调“礼仪之始从正衣冠开始”，不会倡议“学习的仪式感从拥有最美的书桌开始”：我们就不会倡导在活动中学，在活动中体验，寓教于活动、生活中，而这些莫非就是让大家在活动中体验，在体验中充实，在充实中成长。如果大家能读懂“学习”的内涵，那自然不会认为学习是一种压力，不会埋怨学习的苦，因为这是为自己日后有更丰富的人生、有阅历的人生而努力奋斗的。所以，我希望大家享受“学习”的过程，积累“学习”的过程，提倡快乐学习，倡导每一刻的学习都从“学习的仪式感”做起。

谢谢！

爱你们的朋友：黄培杰

校长每日一句

让拼搏定格每一个瞬间。

学而知之

亲爱的同学们：

大家早上好！光阴如流水，转眼已到了本学期第六周的周一了，春暖花开的日子快到了，只要再坚持一下，一切美好的愿望一定如期而至。

同学们，学习是一件快乐的事情，能有机会学习那是人生的幸福。学习不是为了受罪，它是为了充满希望的明天。凭着这一点，我相信就能乐观地面对学习上的困难，当大家达到了这一境界，我们一定会从学习中找到乐趣，我们也就能学得更好。此时，我们的心态、状态、良好的习惯都成为自然，优秀自然就成为一种习惯，认真学习也就成为一种自觉。

学习对大脑的可塑性很强。古人云："生而知之者，上也；学而知之者，次也。"但我们从"玉不琢，不成器；人不学，不知道"中可以知道，人不是生而知之，而是具备了"知之"的条件；如"笨鸟可以先飞，勤定能补拙"，等等，这些都是在强调后天的勤奋学习尤其重要；王夫之曾经指出，"庶物之理，非学不知，非博不辨"，也是强调后天的"学"。当有一天世界上还只剩一个东西在转动，那不是地球，而是我们的大脑。可见，学习尤其重要，我学故我优，所以，我们要把学习当作一种享受，寻求适合自己的快乐学习方法而快乐学习；同时，我们也要把学习当成一项终生的事业，要有终生学习的理念。其实，我们现阶段所学的就是为了具有终生学习能力而奠基的。此时，我想大家应该明白我提出的"君子不隐其短，不知则问，不能则学"的道理及良心用苦了吧！

谢谢！

爱你们的朋友：黄培杰

校长每日一句

当你对自己诚实的时候，世界上没有人能够欺骗得了你。

做高效的“真”勤奋者

亲爱的同学们：

大家早上好！

有一种说法是“假努力、假勤奋”，这与个人的素质、习惯、学习效率、学习方法有关。或称“低效勤奋者”和“高效勤奋者”吧！

“低效勤奋者”有两个特征：不愿深入思考，采取低级思考。这就导致他们做事效率低，效能低，成长慢。“低效勤奋者”之所以不愿深入思考，采取低级思考，是因为这些人不会深度思考。普通员工与卓越员工之间的差别也在于深度思考，大老板与小老板的区别也在于是否善于思考，甚至深度思考。所以思考比努力更重要！

从培养兴趣入手，执着不放弃；从“被动学习”向“主动学习”升级；从个人发展与团队发展关系入手，你一定是“高效的勤奋者”！播种一种行为，收获一种习惯；播种一种习惯，收获一种性格；播种一种性格，收获一种生活；播种一种生活，收获一种命运。这还是很有哲理的。

谢谢！

爱你们的朋友：黄培杰

校长每日一句

我们可以选择放弃，但绝对不能放弃选择。

重视过程，追求目标

亲爱的同学们：

大家早上好！

中国有句老话："行百里者半九十。"就是说一共一百里路，走九十里才算走了一半，因为很多人坚持到九十里就放弃了。拼到最后，拼的不是运气和聪明，而是毅力。

而这也要善于积累，善于打好基础，夯实基础。基础与发展息息相关。就像盖楼房一样，只打三层楼房的地基，是不能盖出四层楼的，要想盖四层，必须打下四层的地基。学习也是如此，基础扎实，终身受益；基础不牢，终生先天性不足。积累是一个逐渐的过程，过程精彩了，基础就牢靠，结果是自然的，所以还是不要随便放弃。

过程就是创设优良的环境，这是学习进步的土壤，包括确保我们的教室干净，确保明亮的教室安静，确保我们的寝室宁静。过程就是要有合理的生活健体习惯，这是学习进步的基石；过程就是要刻苦勤奋，这是学习进步的发动机；过程就是要有科学的学习方法，这是握准效率的方向盘；过程就是要有积极平和的心境，这是学习进步的助推器。

尼采说过："人需要一个目标，人宁可追求虚无，也不能无所追求。"目标明确，才让我们拥有希望和执着，让我们知道自己的位置和方向。我们也要时刻相信，自己能行！只要自己相信，一切皆有可能！当然达到自己目标的路有很多，但努力永远是最可靠的一条。努力的成效，并非某一天就可以看到的，而是需要积累、积累、再积累，只有做好量变才能达到质变。在这个过程中，心态就起了很大的作用。首先要学会开朗起来，然后要学会放宽心。努力，同样需要技巧。盲目地追求努力，就会变成死干蛮干，这样的方式，显然不会取得什么成效，反而会让你觉得，付出了，却总是没有回报。你的努力，需要讲究策略，要善于从教师和其他同学的经验中总结学习方法，并且要结合自己学习的具体情况，因为，别人的方法不一定会适合你，只有你自己摸索出来的，才会是最适合你的，并且能取得最好效果的。

有了目标，需要在脚踏实地的努力中来逐步实现。同学们，让我们将目标落实于微小处，细化到每一时、每一事，从每一堂课开始，从每一天开始，使自律形成习惯，对我们学习接触的每一件事、每一种现象，获得的每一个概念，总结的每一个结论，形成的每一个思路，应用的每一个方法，收获的每一个观念，掌握的每一项技能，都成为大家能力提升、发展过程中有用的基石，继续攀登的助力阶梯。

谢谢！

爱你们的朋友：黄培杰

校长每日一句

人之所以快乐，不是因为得到的多，而是因为计较的少；财富不是一辈子的朋友，朋友却是一辈子的财富。

像蚂蚁一样工作，像蝴蝶一样生活

亲爱的同学们：

大家早上好！

转眼到了第十一周了，又到了周一我为大家读寄语的时候了！今天也是高三、初三的学长们开学的日子，值得祝贺。这意味着离我们开学的日子也不远了，此时我们要再问自己：开学了，我们准备好了吗？我之前叮嘱大家开学要做的每一件事，希望大家遵守的每一个要求大家清楚了吗？

大家听过这样的一句话吗？“像蚂蚁一样工作，像蝴蝶一样生活。”这是美国著名的摄影记者罗伯特·卡帕的一句话，很多人用这句话来勉励自己勤奋工作、写意生活。

蚂蚁是群居动物，它们能够以组织团体的形式在世界任何角落的恶劣环境里生存，“像蚂蚁一样工作”是我们个人发展的需要，也是集体协作的榜样。它们有严格的纪律和分工，一起工作、一起生活，遇敌时全力抗争，遇灾时倾巢搬迁，一个不落。蚂蚁的适应能力极强，它可以出现在我们所见的任意一个角落，能很快适应环境，然后在那里顽强地生存下去。“像蚂蚁一样工作”，顽强努力，积少成多。

“像蝴蝶一样生活”，蝴蝶美丽自由、无拘无束，中国古代从庄周梦蝶到梁祝化蝶，追逐与表达的都是无拘无束的美好意境。面对变化无常的世事和生活，我们可以改变自己的态度，在翩跹起舞中悠然自乐，浑然忘返。“像蝴蝶一样生活”，放下压力，享受工作之余多姿多彩的生活。这是积极、乐观的生活态度，是可望而不可即的理想化生活，但只要调整好心态，就可以做到这一点。我们要学会更有效地工作，学会去享受生活中的点点滴滴，其中包含着爱、感动和幸福，最终实现“像蝴蝶一样生活”的目的。每个人都喜欢丰富多彩、自由自在的生活，希望得到尽情的娱乐和享受，用有限的精力走遍万水千山，所以处理好工作和生活的关系，是每个人的必修课。

同学们，我们的学习、工作要像蚂蚁一样，努力、执着、进取，持之以恒，锲而不舍，不畏艰难，勇往直前；而生活要像蝴蝶一样快乐、绚丽、多姿多彩。学习、工作之余，放松心情，给自己的心灵晒晒阳光，闻闻花香，放下工作的压力和生活的烦恼。“像蚂蚁一样工作，像蝴蝶一样生活”，这是一种积极学习、工作的态度，是一种乐观的生活姿态。就让我们这样优雅从容、阳光自信、刻苦努力地面对生命中所将面临的一切吧！愿大家幸福生活一辈子！记得我提出的生活、学习要有仪式感，我想也是这一层意思罢了！

谢谢！

爱你们的朋友：黄培杰

校长每日一句

做符合年龄该做的事，人一旦提前享受，到时候就会难受。

作业的爱恨情仇

亲爱的同学们：

大家早上好！

星期一我跟大家讲到，学习仅仅完成老师布置的作业，的确是不够的，我们还要有自己的自主学习安排，积极阅读，锻炼自己的思维，开拓自己的视野，要有自己独立的思考、判断及见解，彻底领悟。同学们还不懂得学习是自己现阶段的主要任务，还不懂得主动学习、主动发展、成长提升，所以，作业就成为一种任务、压力，爱恨交织。

同学们，作业在某种程度上是服务于老师和同学们的。作业是同学们与老师反馈教与学的一种直接的纽带、途径；作业对老师调整教学内容、策略、教学方法，进行针对性教学、有的放矢起到一定的作用；作业对同学们巩固所学基础知识、养成学习习惯、锻炼思维、提高学习成绩也能起到一定的作用。当然，这得靠大家认真、正确对待，老师不能随意布置，量要合适，要有针对性，不机械，要灵活，达到练与巩固的目的。同学们要认真完成，不懂的要想办法弄懂，做作业之前要先把课堂的知识、例题的解答方法弄明白后再做，不抄、不缺，最好要有做之后的反思提高，多问为什么，同时可以及时跟老师反馈自己的解法见解，这样正面对待作业，一定会提高自己的学习成绩，也真正做到教学相长。

说起布置作业，现在老师也有很多委屈：布置得多，学生不舒服；布置得少，家长不满意，而且空出来的时间并非都用在能力的培养上，毕竟你们的自觉性还不够，所以父母又塞满“课外辅导”。除了量的多少，作业的问题还在于“没意思”。大部分的作业就是抄抄写写，“仅动笔不动脑”。所以最后，作业在学生的心里变成这样的存在：“举头望明月，低头写作业。”“众里寻他千百度，蓦然回首，那人正在写作业。”说起作业你们也是怕又讨厌，同时也有委屈。当然，不管怎样，我觉得老师和同学们的出发点、目的是一样的，大家一定要沟通好。前些日子，新闻报道外省有一位学生投诉老师去催交作业，我看之后，甚是心痛，其实这位老师可能连自己小孩的作业都来不及管，请问，这位老师一心一意为了学生，结果受到这样的待遇，你说心凉不凉？

所以我觉得理解与沟通很重要。

同学们，“作业也是科学”，作业不是学习的最终结果，而是学习的反馈，大家要站在自己的角度换位思考作业的作用，要有理解、接纳、感恩老师的态度，让作业成为彼此进步成长的桥梁。所以，我今天提倡我们真的需要一种新的思维去理解作业，一种新的方式来设计作业，一种新的视角来对待作业。

谢谢！

爱你们的朋友：黄培杰

校长每日一句

我总把手表调快一分钟，因为我喜欢走在时间的前面！

用奋斗迈向梦想

亲爱的同学们：

大家早上好！

2020年的这只突如其来的“黑天鹅”的确给我带来了很多思考，在过去这几个月可以看到很多人性的光辉。但我们也明白一个人必须得有真本事、真本领。试问，假如我们没有真才实学，没有专业的知识作为支撑，家人需要保护时你当如何？国难当头时你又能如何？每个人都有一个英雄梦，那么每天的努力学习就是为了蓄势待发，有朝一日做自己、家人、国家、民族的英雄。在这段时间的宅家学习，我们也可以感到“家”的重要意义——家是我们的港湾。所以我们要珍惜在家的时光，珍惜在家与家人的相处时间。遭遇逆境时，与其自怨自艾或者抱怨天地不公，不如接受和正视负面影响，看到否极泰来、危中有机的正面意义。同时我们也要懂得饮水思源，情系祖国，心系人民！

在我们的成长路上，师长们经常会教导我们要专注于一个坚定的目标，并能够使自己下定决心，即使在逆境中，也能克服困难，毫无顾忌地朝着这个目标前进，从容面对一切，最终实现目标。但是，在追求的过程中我们也知道成功是来于永不言弃，但是也要懂得避开心灵的陷阱。

法国历史上著名的政治家、军事家拿破仑说：“一心向着自己目标前进的人，整个世界都给他让路。”我国一位知名企业家也说过：“如果你决心创业，一定要有为它献出所有的准备。哪怕别人都骂你，都嘲笑你，都以为你不对，你也要咬牙坚持自己的梦想。”有理想、有梦想、有目标、有抱负固然是好的，但是如果仅仅是在“想”，会怎么样呢？如果我们不现实地面对这一问题，说不定这就是心灵的陷阱呢，不付诸“行动”的“想”，那是空想，白日做梦。

一个人可以有“幻想”，偶尔幻想一下可以慰藉人的心灵，然而，一个人绝对不可沉溺于幻想中。有的人往往不能分辨幻想与现实，而将幻想当成了现实。这样就很容易陷入不现实的漩涡，使人生之梦湮没无闻。人如果对现实发出挑战，就很容易又会对幻想产生依赖。对现实的暴风雨而言，幻想犹如避风港。真正成功的人生是需要幻想的精神安慰的，但同样也离不开现实的脚步。事实上，在我们的人生中，幻想与现实总是交织在一起的。没有幻想，人就会少很多安慰，然而，人生和命运不是单靠幻想就能想出来的，如果沉溺于幻想，人生就不能承受异变之祸。因此，当你要脱离现实进入幻想时，别忘了提醒自己现实里是更坚实的土地。

人要有梦想，但一个人光有梦想没有行动是不能成功的。因为没有行动，梦想就只是镜中花、水中月。行动是敢于改变自我、拯救自我的标志，是一个人能力有多大的证明。做梦不如实际行动，面对现实，从小事做起。毫无疑问，那些成大事者都是勤于行动和巧妙行动的大师。幻想毫无意义，除非我们立即付诸行动。一张地图无论多么详尽，比例尺多么精确，也永远不能带它的主人在地面上移动半步。天地如此广阔，世界如此美好，我们不仅需要一对幻想的翅膀，更需要一双脚踏实地的脚。

在交流中，老师们不难发现，同学们心中经常有这种不切合实际的幻想，因而常常是“理想远大，行动矮小”“今天发奋，明天懒惰”“三天打鱼，两天晒网”。无论是对待生活还是学习，都应该有切合实际的看法与做法。符合客观事实、顺应客观规律是做人做事的重要法则。逆势而为，不遵循规律而动，则会遭受失败。如果你陷入了不切实际的妄想，那就赶快清醒过来及时改正自己的想法吧！在付诸行动之前，你需要有切合实际的计划或构想。在实施计划、实现目标的过程中，你需要顺应客观规律。只有所有因素都切合实际，你的心机才不会白费。只会幻想，就等于自欺欺人。与其做梦，不如行动，避开心灵的陷阱，脚踏实地，从现在开始，让你的每一分钟都变得更加完美吧！

我们能走多久，靠的不是双脚，而是志向；我们能登多高，靠的不是身躯，而是意志；我们能做什么，靠的不是双手，而是智慧；我们能看多远，靠的不是双眼，而是胸怀。我们要主动迎接挑战，主动奋斗，不断充实、提升自己。不奋斗，不青春啊！

阳光、空气和水是花朵的养料；爱心、责任、奋斗也是人类不可或缺的养料。这些养料滋养开放的花朵，丰富充实着大千世界，美化升华着人类灵魂。做自己命运的主人，才能拥有春意盎然的美好情怀和勃勃生机。

谢谢！

爱你们的朋友：黄培杰

校长每日一句

能找到理由难过，也一定能找到理由快乐。

做时间的主人

亲爱的同学们：

大家早上好！

在日常学习、工作、生活中，作业、任务需要你在一定时间内完成，你经常会想：没事，还有时间，到时再说，明后天做也行；到了明后天，你还是会想，没事，还有时间。于是一直拖下去，拖到老师催，自己觉得不能再拖了，就急急忙忙带着情绪做事情，结果事做得不好，徒增烦恼。我想这种情形在很多人身上都会发生。

同学们，时间，对待每个人都是一样的，老天是公平的，所以对时间的恰当利用及管理很有必要。高效的时间管理就是把最重要的事情在一定时间段内最优先完成，以便有效地完成既定目标。所以高效时间管理的两个关键因素是做事围绕目标和行事次序以重要程度为序。学习做事要充分利用零碎时间，做到有轻重缓急。

我们许多同学的做事行事次序是这样的：

1. 先做喜欢做的事，然后再做不喜欢做的事；
2. 先做熟悉的事，然后再做不熟悉的事；
3. 先做容易做的事，然后再做难做的事；
4. 先做只需花费少量时间即可做好的事，然后再做需要花费大量时间才能做好的事；
5. 先做紧迫的事，然后再做不紧要的事；
6. 先做有趣的事，然后再做枯燥的事。

其实以上都是不符合做事规律的，没有很好地利用时间，这些行事准则，从一定程度上说都不符合高效时间管理的要求。因此，我们认为：处理事情优先次序的判断依据是事情的“重要程度”。所谓“重要程度”，即指对实现目标的贡献大小。在考虑行事的先后顺序时，应先考虑事情的“轻重”，再考虑事情的“缓急”。所以我们把行事次序定为：

第一是重要又急迫的事；

第二是重要但不紧急的事；

第三是紧急但不重要的事；

第四是不紧急也不重要的事。

同学们，如果你常做重要的事情，那么紧急的事情就越来越少；如果你常做紧急的事情，那么紧急的事情就越来越多。同学们，我们一定要坚决丢掉一些与目标无关的事、打酱油的事。把偏离目标的次要工作、信息资料不完全的工作等暂时放一放。

这里我也与大家分享两句话：

第一句是：每天集中一段不被打扰的时间来做重要的事。

第二句是：智者掌握时间，愚者被时间掌控！

谢谢！

爱你们的朋友：黄培杰

校长每日一句

含泪播种的人，一定能含笑收获。

读书铸就美的人生

亲爱的同学们：

大家早上好！

古人说："绵世泽莫如为善，振家声还是读书。"中国稍有名望的家族，子孙后代但凡有成就的，哪个不是靠读书维持的？钱镠曾说，"子孙虽愚，诗书须读"，临终前留下一部《钱氏家训》，勉励后人发愤读书。钱氏子孙也不负众望，历朝历代人才辈出，到了近代，更是人才井喷，诺贝尔奖得主、院士、国学大师，比比皆是。梁启超有九个子女，有院士、有军官、有学者，个个了得。这些都离不开梁启超的悉心教育，离不开他对子女读书的支持。

唐代诗人孟郊有一首诗《劝学》：

击石乃有火，不击元无烟。
人学始知道，不学非自然。
万事须己运，他得非我贤。
青春须早为，岂能长少年。

这首诗写得非常好，惜取少年时，长大不伤悲。每天一小步，天天有进步。在疫情这场人生大课中，在居家学习的时光中，愿我们在特殊时期过后返回到美丽的校园时，在学习中能够做到自律自信、勤奋刻苦，愿我们都能遇见更好的自己，成为明理守信、知书达理的正人君子！

读书无用论这种腔调要如何反驳呢？有网友说，没必要反驳。因为你读了那么多书，就是为了不问出这样的蠢话，不过他那样无知的人生。身体和心灵，一定要有一个在路上。要么读书，要么旅行，开阔自己的眼界，见更广阔的世界。毕竟眼界不同的人，过的是完全不一样的生活。

同学们，任何时候我们都不要放弃读书。让读书变成一种习惯，变成一种乐趣，乃至于一种生活方式吧。有一段话是这样说的："读书是一个人通向世界最好的路，读书是让你走出迷茫的最好也最实用的方法。因为读得越多，越清楚自己想成为什么样的人，想做成什么样的事，想过怎样的人生。读书，会一点一滴地滋养你、改变你，让你最终获得冲破困难阻碍的力量。"

美丽的校园里除了听得到同学们书声琅琅，我更想听到、看到的就是同学们愉快、活跃的笑声和开心、自信、阳光的笑容。

谢谢！

爱你们的朋友：黄培杰

校长每日一句

勤奋是健康的灵丹，运动是健康的投资，欢乐是长寿的妙药。

让优秀成为榜样

亲爱的同学们：

大家早上好！

同学们，俗话说："榜样的力量是无穷的。"榜样是人生的坐标，是事业成功的向导，是激人奋进的号角。榜样是一种力量，彰显进步；榜样是一面旗帜，鼓舞斗志；榜样是一座灯塔，指引方向。散播一种榜样，我们将能够时时看到奋斗的目标和参照物。我们能有今天伟大的时代，那就是有无数的人塑造着榜样，学习榜样，引领社会的进步，使祖国强大。在 2020 年这刻骨铭心的一年，我们看到了更多榜样的力量、榜样的魅力。

同学们，我们长见识能进步、能增智慧，我们需要目标，要有信念，我们更要有榜样给予我们力量，我们也要给他人树立榜样。

同学们，我们生活在这伟大的时代，我们站在起航的浪尖上，希望全体执信芭洲人珍惜机会，抓住机遇。能把握机遇必将成为"标兵"，若错失机遇必成为"追兵"，甚至成为"败兵""逃兵"。恰逢返校复课的关键时刻，我们要发扬线上学习时自觉自律的精神，继续努力学习，锻炼身体，让生活、学习的仪式感升华。我们要继续以"奋斗的模式"迎接各种挑战，并有智慧应对各种突如其来的变化。九层之台，起于累土。奋斗不是喊口号，而要付诸具体行动。"我们都在努力奔跑，我们都是追梦人。"新时代是奋斗者的时代，更是追梦人的舞台。昨天的奋斗，赢来今天的发展；今天的奋斗，成就明天的伟业。在新起点上，我们没有理由再懒散和懈怠。机遇稍纵即逝，发展时不我待。毛主席曾说："多少事，从来急；天地转，光阴迫。一万年太久，只争朝夕。"机遇与挑战激荡，信心与斗志齐飞。在 2020 年剩余的这半年时光里，让我们加满油，把稳舵，鼓足劲，用奋斗定义更好的时光。在这特殊时期，愿我们守望相助，奋力前行。愿各位学子成就精彩，愿我们的教师书写华章，愿我们为梦想不舍昼夜，一起向前奔跑。最后，让我们一起回顾我送给大家的对联作为我们奋进的精神助推器：

1. 上联：不忘初心，书写鸿篇伟业；下联：砥砺前行，奏响盛世佳音。横批：立凌云志。

2. 上联：创新实干，锐意进取开新路；下联：立志图强，奋力求索传佳音。横批：万象更新。

3. 上联：努力拼搏，今朝汗洒书本；下联：自强飞跃，明日笑映容颜。横批：前程似锦。

4. 上联：春光灿烂花苗茁壮；下联：师恩似海学子聪明。横批：满园春色。

爱你们的朋友：黄培杰

校长每日一句

人人都可以成为一面镜子，让不文明行为无处藏身，让和谐有礼围绕你我他。

日记：积累点滴，记录生活

亲爱的同学们：

大家早上好！

大家有没有写日记的习惯呢？何为“日记”？日记是指用来记录其内容的载体，也指每天记事的本子或每天所遇到的和所做的事情的记录。日记作为一种文体，属于记叙文性质的应用文。日记的内容，来源于我们对生活的观察，因此，可以记事，可以写人，可以状物，可以写景，也可以记述活动，凡是自己在一天中做过的，或看到的，或听到的，或想到的，都可以是日记的内容。写日记除了能提高自己的分析、写作表达能力，更可以调节自己的情绪，学会冷静思考分析处理事情。这几个月来，我给大家写寄语，我自己就觉得很有收获，同时能以不一样的方式跟大家交流，陪伴大家成长。所以无论是拿起书本还是提起笔，只要用心、坚持，一定会对自己有好处的，一定有收获。我曾经看到了一首《日记歌》，我稍作修改，与大家分享。

日记歌

日记日记，一日一记。经历点滴，养成习惯。天天练笔，记忆有趣。生活札记，情绪调节，心情舒畅，陶冶情趣；催人奋进，终身受益。日记类别，十种形式。一种形式，观察日记：人景物事，观察细致，抓住特征，描写详细。二种形式，剪贴日记：图画照片，珍重爱惜，剪贴本上，旁加注释，长则一段，少则一句。三种形式，信息日记：周围见闻，天下大事，各种信息，详要记叙。四种形式，气象日记：阴晴雨雪，气温高低，风力风向，一一载记。五种形式，台历日记：台历日记，记在台历；当天事件，记载及时，简明扼要，一目了知。六种形式，摘录日记：名家语录，格言警句，名篇佳作，优美词句，摘录下来，背诵学习。七种形式，学习日记：课内课外，报纸杂志，学习心得，感受体会，记述下来，提高认识。八种形式，活动日记：参观访问，重大节日，各种活动，丰富有趣；抓住重点，描述具体。九种形式，实验日记：科技制作，养花种植，实验过程，记载翔实。

十种形式，思考日记：此种形式，高一层次；见闻观感，深刻启示；
经验总结，错误剖析；某种倾向，议论评批；多思勤记，敏感增智。
十种形式，因地制宜，灵活运用，综合练习。少年朋友，努力奋进，
兴趣培养，意志锻炼。学写日记，贵在坚持；看书写作，儒雅幸福！

谢谢！

爱你们的朋友：黄培杰

校长每日一句

宽阔的心健康生活一辈子，包容的心幸福生活一辈子。

考前紧张与压力

亲爱的同学们：

大家早上好！

孩子们，在疫情面前，在这么长时间的线上线下学习活动中，我相信及理解大家是多少有点烦躁、有些压力的，但这也是没办法的，不是因为我们烦躁、不耐烦就可以立马转变的，所以我们不如用积极的心态面对，这样对自己的心身有好处。我们要善于把压力转变为挑战，把当前看作是最好的挑战时期。

其实，适度的压力，能够提高大脑的觉醒水平，从而提高个人的表现。我们要把压力看作是资源而不是障碍，不是消除而是善于调节控制在适当的水平上。在当前，我们可以把这些困难看作是挑战与考验，它能使我们敬畏自然，敬畏规则，尊重生命，可以让我们重新审视个人的生活状态与学习方法及状态，重拾健康的生活习惯、科学的学习习惯，换一种方式让自己成长及优秀！下面我们与大家谈谈关于考前紧张和压力的问题。

从考试的角度来说，考试之前适度的紧张和压力对于复习和考试是大有好处的，这是因为：

第一，适度的紧张和压力能使我们保持学习的警觉性，保持注意力的集中。它使我们具有一种明确的考试意识，我们会因此而珍惜每一分钟，提高学习效率。紧张还能提示我们面临的考试目标，使我们知道按照事情的重要程度进行安排。

第二，适度紧张和压力会调动身体的能量，使我们以充沛的精力完成学习任务。在紧张的时候，人的精力和体力比平时要好。在非常时刻，有些人会使出平时难以想象的力量完成任务。紧张时人体内会分泌肾上腺素，有助于人战胜困难。

第三，适度紧张和压力还有助于保持大脑足够的兴奋性。平时，我们在学习中难免会有抑制的时候，容易疲倦。但在紧张的时候，就会兴奋，因而促进大脑提高工作效率。

所以，同学们不要认为压力就很可怕，紧张就有害。适度的紧张与压力只能说明你已经进入了挑战的阶段，已经拥有了可能成功的心理状态。心理学的研究也表明，当一个人存在中度的紧张或者压力时，学习和工作效率是最高的。

但是，所有的事物都是过犹不及，所以如果紧张过度、压力过大，则会影响正常的学习和考试的发挥。那么，如何判断你是否有超负荷的压力呢？一般而言，压力过大主要体现在以下三个层面：

第一，在内心感受上，我们会感觉到莫名的焦虑、烦躁不安、紧迫感、疲惫感，甚至大脑空白或麻木。

第二，在生理反应上，我们会感到心慌、心悸、胸闷、头痛、腰背酸疼、食欲不佳、睡眠障碍等。

第三，在认知行为上，我们会感到注意力不集中、思维比较迟钝、学习热情降低、无意识动作增多、强迫、敏感、神经质。

如果出现了以上压力超过负荷的情况，那我们就要注意调整了。因为长期处在压力过大的情境下，不仅会降低我们的学习效率和干扰我们的生活，更是身心健康的隐性杀手。如何来管理我们的压力呢？除了积极自我暗示法、调整呼吸法、肌肉放松训练法、想象放松法等小方法以外，我们也不妨去思考一下，你是否因为太想成功，急于证明自己或者太过于关注这个考试结果而使自己压力过大呢？或者，你对自己的期望值或想达到的目标过高，因此让自己总是担心呢？如果是这样的压力来源，你就要调整自己的目标和状态了。每一个同学都要认真地分析自己的实际水平，选择一个合理的目标。这个目标不是父母强加的，不是老师希望的，而是你自己根据自己的学习成绩与真实实力来确立的。它不可以定位太高，因为太高难以实现，这只会给自己更大的压力，增加自己的失败感。目标定位太低又会削弱你前进的动力，影响潜能的发展，所以合理确定符合自己的目标也是很重要的。

爱你们的朋友：黄培杰

校长每日一句

信心来自于实力，实力来自于勤奋。

考前复习指导

亲爱的同学们：

大家早上好！

在考试越来越临近的时候，有些同学突然发现自己还有很多知识没有掌握，很多方面还存在差距，于是会出现茫然、彷徨，面对大量的知识不知从何下手的情况，因而极易产生焦虑情绪。由于心事重重，使得自己无法把精力集中在复习中。此外，当自己感到所要复习的东西太多时，则往往会多而生乱，乱而生烦，这样势必会影响复习和考试效果。所以，当务之急是根据心理学学习规律做到以下几点：

1. 要把自己真正担心的东西表述清楚，然后再设法否定自己的这种担心，以解除自己的心理负担。

2. 将所要复习的东西按重要性的次序，排列出一个合理有序的复习进程。

3. 先处理情绪再处理事情。当一个人处于很烦等消极情绪时，学习效果是基本为零的。所以，烦恼时先不看书，而是先允许自己休息或运动一会，有状态了再去复习。

4. 采用多通道记忆。研究发现，单靠视觉只能记住学习内容的百分之二十五，单靠听觉只能记住百分之十五。宋代朱熹曾提出：读书要做到“三到”，既“心到”“眼到”“口到”，说的就是要将视觉与听觉结合起来，协同记忆、理解记忆。看到的、听到的，用心想，找出规律，这样就容易记住。

5. 认清自己的学习风格，制定适合自己风格的复习策略。每个人的学习风格不一样，不要盲目与他人比较，制订适合自己的复习计划最重要。因为有人是视觉型，有人是听觉型，有人是感觉型。视觉型的人往往对图像的记忆最好，而听觉型的人对声音的记忆和理解最深刻，感觉型的人对温度等可触可感的内容记忆最佳。视觉型的人最好的复习方法就是让复习的内容可视化，将复习内容转换成一幅幅图像，这样就可以很快地记忆下来。听觉型的人最好的复习方法就是将复习的内容转换成声音，通过出声的朗读来加强记忆。感觉型的人则可以通过增添复习内容的可感性来强化记忆，如使记忆内容可触摸，产生味觉、皮肤知觉等。

6. 通过同学间学习上的相互帮助来巩固自己的学习效果。有些同学可能会觉得身边同学是自己最强劲的对手，于是处处防范，这样害处很多。其实这种想法大可不必：因为首先你的终极目标是考上理想的大学，而不是打败身边的某位同学。当你选择身边某位同学为目标，而且总是担心他超过你，那么你就可能分散了你对自己终极目标追求的精力。所以，若有同学向你请教，当你能把知识点讲解给对方听时，你不仅复习了一次该知识点，而且对这个知识点的理解还加深了一层。心理学研究表明，学生听讲、做题、自己讲题这三种方式中，对掌握知识最有效的方法是自己讲题。所以，同学间相互讲题，是最有效的掌握知识的方式。

7. 以积极的态度进行复习。没有积极的态度，任何复习都难以成功，而积极的态度来源于你有一种已做好准备的感觉，即使你觉得自己复习得还不够理想，也不要有消极的想法，应提醒自己你还是掌握了很多东西的，这种积极的心态会帮助你在考试中发挥出最好水平。

亲爱的同学们，机遇只留给有准备的人，准备除了物质能力上的准备，还包括心理准备。愿同学们每次考试都能放下心理的包袱，全身心投入复习，以平常心考出水平，考出佳绩！

谢谢！

爱你们的朋友：黄培杰

校长每日一句

美好属于自信者。

以精彩生命为镜

亲爱的同学们：

大家早上好！

同学们，青春是来奋斗的，奋斗的青春才有意义，没有奋斗的青春不叫青春。在奋斗过程中必有逆境，必有坎，必有困难，也就因为这样，这才是财富，这才是给我们历练的过程，积累了成长的经验。古人说："年轻怕顺，中年怕闲，老年怕逆。年轻顺、中年闲，势必带来老年逆。"我想也就是这个道理吧！

人生其实非常短暂，过去了就无法重来，若要不枉此生来世一趟，最重要的是要懂得惜命。惜命就是让每一天活出精彩，活得有价值。

第一，要为身心健康而自律。

心理健康是健康的基础。懂得把身心健康摆在首位、为身心健康而自律，是一个人成熟的标志。看看身边多少人在身强力壮的时候，为了名利而透支身体，得不偿失。

身心健康从何而来？自律。其实人们都知道身心健康的重要，重点在仅仅思考身心不健康带来的危害是不够的，容易缺乏危机意识和自律性。有这样一句话："走进医院就没有穷人。"不是真富而是再穷砸锅卖铁也要治病。多少人在身体健康的时候为财富、名利而折磨身心健康，他们没有深刻认识到，其实身心健康才是最重要的财富。明知道熬夜伤身，却忍不住追剧打游戏、灯红酒绿；明知道抽烟喝酒是不良习惯，却戒不掉自己的欲望；明知道运动有益健康，坚持了几天就懒得动弹……

《黄帝内经》中记载："上古之人，其知道者，法于阴阳，和于术数，食饮有节，起居有常，不妄作劳，故能形与神俱，而尽终其天年，度百岁乃去。"读懂其中的智慧，就是说古圣先贤，他们懂得天道与自然规律，顺应天时、适当养生、饮食有度、早睡早起、起居有规律，不劳累过度，有良好的学习、生活规律，所以他们都能够安享晚年，长命百岁。

第二，生活要美好而有趣。

梁启超有这样一席话："凡人必须常常生活于趣味之中，生活才有价值。"他是这样评价自己的："倘若用化学化分'梁启超'这件东西，把里头所含一种元素名叫

'趣味'的抽出来，只怕所剩下仅有个零了。”有趣，更多是“趣味”“情趣”“兴趣”，有趣的背后是一个人情商加“趣”的智慧。贾平凹说：“人可以无知，但不可以无趣。”人“无趣”背后，生活就刻板、死气沉沉，整天愁眉苦脸、怨声载道、唉声叹气，破坏着和谐和美的氛围。而一个有趣的人则不然，由于他的存在，而使周围的人群变得热闹起来，他的“气场”催化着人生的精义，叫人奋发，让人快乐。哪怕面对再大的问题，苦一点、累一点，他都能够给大家带来趣味。所以每一个人都要有自己健康的美好的兴趣爱好，如运动、阅读、书法、养花、品茶等等，这也是我一直希望大家务必具有“三趣六目标，三管四品质”的缘由！一个追求生活品质的人，一定善于让生命越来越有趣。

第三，为完善自我而雕琢。

塑造自己完美的形象，要从平凡的生活、学习中去体验，从细节中去体现，把生活当成一件艺术品去雕琢。于平凡中用心，在简单中坚持，你一定是生活的专家与赢家。记得我经常希望同学们无论在生活上还是学习上，都要注重仪式感，也就是这个道理。

《三字经》说：“玉不琢，不成器；人不学，不知义。”其实一个人可将自己想象成一块石头，若想成器，靠的不是他人的琢磨，而是自我雕琢。这就是教育的真正意义——让受教育者获得自我教育的能力。人生最优秀的不是今天有多么优秀，而是坚持每天比昨天进步一点点。

第四，为更好地前行懂放下。

生活，有时候真的很累、很难、很苦。我们不能逃避，唯有迎难而上，在这个关键时刻一定要懂得看开、放下和悦纳。特别是人到中年，上有老下有小，支撑着一个家庭、一份事业，甚至一大家族。痛了，自己拼命扛；苦了，自己咬牙撑。有太多事情身不由己，有太多无奈由不得你。这就是现在很多父母的真实写照，但不管怎样，他们还是要操心自己的子女。同学们，为了自己的父母不要一辈子都这么操劳，我们要努力为父母减压，多关心父母，珍惜父母的爱，珍惜父母的“管”！其实，人看开了，心就不累了，才能活得轻松。哪怕人累了、心伤了，只要看得开，就可以消除疲劳，笑对伤害。面对起起落落、坎坎坷坷，放得下，就能活得轻松潇洒。太过执着的人，容易疲惫；太过计较的人，容易心累。生活中，不可能事事如愿，懂得悦纳，相信一切都是最好安排。改变能够改变的，面对不能改变的，要么改变自己，要么懂得取舍。珍惜该珍惜的，舍弃该舍弃的。懂得选择，敢于选择。其实，在成长过程中，有很多你最不想放下的恰恰就是你需要真正放下的。为更好地前行要学会放下，减负释怀让生活更有品质，也让人生活得轻松精彩。

第五，为生命出彩调情绪。

平和而稳定的情绪背后是一个人良好的教养、修养。人们常说：“弱者易怒如虎，强者平静如水。”没有人天生就会控制情绪，控制情绪其实就是一个人的教养能力，这全靠一个人后天努力雕琢。王阳明说："凡人言语正到快意时便截然能忍默得，意气正到发扬时便翕然能收敛得，愤怒嗜欲正沸腾时便廓然能消化得，此非天下之大勇者不能也。"放纵时忍默，任性时收敛，愤怒时调节，就是情绪平和之人的三大特征。不懂得管控自己的情绪，是一件害己而伤人的事情。愤怒会摧残人的身体和灵魂，同时也会造成对别人的伤害。我们往往就是因为不会控制自己的情绪，口无遮拦，无意中伤害到身边的人，尤其自己的亲人、父母。同学们，生命是可贵的。生命不仅属于你自己，也是属于亲人的。当你做决定的时候，要先考虑亲人、考虑父母的感受，千万不要因为自己的冲动伤害到父母及亲人，给他们带来痛苦。其实世界上对你最好的人，就是你的父母，因为他们的唠叨才使我们能健康成长。同学们，要懂得珍惜父母的唠叨，感恩父母的"爱"。哪天父母不再唠叨你、不再管你的时候，说明父母已经老了，那时候你想再听他们唠叨，可能再也没机会了。

同学们，美好的生活是需要自己争取的，守株待兔只是一些不劳而获的人用来安慰自己的说辞。善于发现问题并能勇敢提出来，敢于面对困难，勇于解决问题，克服困难，这才是我们需要去培养的高贵品质。希望同学们能时刻保持这样的一颗初心，好运就永远不会缺席，我们的生命一定出彩！

谢谢！

爱你们的朋友：黄培杰

校长每日一句

每一个不曾起舞的日子，都是对生命的辜负。

规划促成长（一）

亲爱的同学们：

大家早上好！

同学们，我们经常说：细节决定成败。的确，在细节的空间中做好规划也是很重要的，如小学六年、初中三年、高中三年、大学四年，乃至一辈子，做好规划真的很有必要。那么初中三年应该怎样规划个人成长，如何规划学习呢？

初一，第一年，特别是第一学期，同学间学习成绩的差异主要表现在语文的学习上，而语文又主要表现在阅读理解和写作水平上。这个阶段，我们要扩大知识面和阅读面。从初一开始，英语作为主要科目，我们一定要认真对待，对英语的学习，并无什么捷径，就是要多听、多读、多练、多说。

初二是最关键的一年。这个阶段要避免出现学习拖欠现象，否则，要在更紧张的初三来补初二的亏欠账，是更困难的事。关键要弄懂知识点，积累方法，认真做作业，不懂要及时问。

到了初三，老师们会留出足够时间进行最后的总复习，因此教学进度会明显加快。应该说，大部分同学都能认真学习，但到了初三，在学习任务很重的情况下，要想成绩得到大幅度的提高，是很困难的。在初二因贪玩而成绩下降的学生，想改正贪玩的毛病，好好学习，但还是有部分学生的自控能力比较差，不能下定决心改正缺点。所以，最终还是有部分学生在继续玩。从以往班级看，有20%的学生属于这种情况。即使能改进，但成绩能大幅度提高的可能性也是比较小的。因此，我多次提到要自觉自律、养成好的学习习惯的重要性。初三的学习不再只是关注“点”，更多的是关注“面”，关注点与点之间的联系。中考复习有三种境界。第一种境界：做一道题，会一道题；第二种境界：做一道题，会一类题；第三种境界：做一道题，会出一道题。

很多学姐学长们是这么总结初中学习的：初一相差不大，初二始分高下，初三天上地下。没错，这“天壤之别”其实就是在初中的三年学习生涯中细微差异的累积导致的。初中三年应该注意哪些问题，才能少走弯路，顺利通关，甚至弯道超车呢？请看《规划促成长（二）》。

谢谢！

爱你们的朋友：黄培杰

校长每日一句

业精于勤，荒于嬉。

规划促成长（二）

亲爱的同学们：

大家早上好！

同学们，初中三年应该注意哪些问题，才能少走弯路，顺利通关，甚至弯道超车？今天借此机会特意告诉大家，给即将进入初二、初三的同学们一些建议，希望可以帮助你们提前做好准备，定能战无不胜。

1. 如何应对偏科问题？假设你现在最不喜欢政治、历史和地理，因为觉得这几科可能学了却一辈子也用不上。可能也有同学讨厌物理、化学和数学吧？还有的同学只喜欢某一科，不好好学习其他科目。因为你以为它们不重要，所以不喜欢、不认真。但是，大家应该知道一个事实，这些科目可能关乎我们以后的终身职业。更重要的是，你在学习各种科目，总结各种各样的学习方法、思维视角等时，其收获都会伴随你一生。在你遇到新问题的时候，你可以利用以前的经验很快总结出解决问题的方法。所以，我负责任地告诉大家：千万不要偏科，任何科目对你而言都是至关重要的。

2. 不要沉迷于游戏。现在还有很多同学不愿意放下微信、QQ、抖音，是你们所谓的担心不自由、怕孤独、怕没有朋友、怕朋友离你而去。我亲爱的同学们，如果你的朋友连你学习都不支持，那是真朋友吗？真正的友情不是靠一起玩游戏维持的，网络一线牵的友情就像是一盘散沙。要明白，自己有了自制力，控制了手机和游戏，才能突围去追求自己的梦想，成为不一样的自己——成就一个更好的自己。

3. 锻炼身体非常重要。身体是革命的本钱，一旦生病请假回家，你就会缺掉好多课，而且老师也很难抽出完整的时间帮你补。因此要重视劳逸结合，不能因为赶作业或偷懒而不上体育课。运动是身体健康的保障，身体健康是出勤的保障，出勤是学习的保障。一位中考状元这样说过："记得初三上学期期中考试前，我每天都要参加区运会的训练，甚至考试期间我也要出来练长跑。虽然有一些同学担心这样会耽误学习，就请假不来训练，而我却坚持完成全部任务。"最后她取得考试全年级第一、区运会女子 800 米第四名（2 分 49 秒）的好成绩。其实，参加适度的体育锻炼并不会耽误学习，反而可以帮助你缓解疲劳和紧张，提高学习效率。一个清华学霸这样说："我们班今年有 20 个人报名参加北京国际马拉松（全国报名的大学生只有 5 000 人，清华就有 3 000

人）—— 一是为了体验，二是对自己的耐力很有信心。”推荐大家多练习长跑，最好每天跑个 1 000 米。相信吧，等你们到了一流大学需要熬夜做研究的时候，你们将会发现自己现在打下的身体健康根基是多么重要。

4. 关于怎么学好初中课程。初中的知识难度系数不是很高，只要上课认真听课、课后保质保量地完成作业就能掌握。智商的高低对知识的掌握影响并不大。一分耕耘，一分收获，在完成老师布置的作业之后要自己找练习做，要学会及时地整理笔记，归纳总结。整理笔记是一种很好的复习方法，我初三时很喜欢整理数学笔记，经常花大量的时间整理知识点和相应的错题、好题。笔记可以按考点和模型、来源等进行知识梳理以及回顾自己做过的错题和好题。复习的时候，查缺补漏很关键，考前不用做太多难题，只要将练习册和试卷中所有的错题都弄懂即可。不懂的问题一定要及时问老师、问同学。在平时将错题一一消灭，考试前就能从容不迫。每次一下课，班上的同学就会抢着去找老师答疑。哪怕实在没有问题可问，也会站在一旁听听别人的疑问和老师的答复。

5. 怎样合理利用时间？合理利用时间很重要，尤其到了初三，时间很紧，要争分夺秒。晚上在宿舍等洗澡位置的时候可以读读英语，或背背古文。中午的时候可以选择留在课室里面写作业，比别人晚 15 分钟吃饭，这样一来既可以避开饭堂的高峰期，又能完成部分作业。时间久了，日积月累，就会在时间上占有绝对的优势。除了学会挤时间，更要学会充分地利用每一分每一秒，提高学习效率。要知道，专注度和学习效率密不可分，实在无法独立投入学习时，可以尝试寻求有利的外部环境，整理心情，调整状态。

6. 与父母融洽相处。初中阶段，有些同学认为父母跟不上信息时代的步伐，认为父母落伍而不愿与父母交流，打电话敷衍几句，父母多说几句都会被认为啰唆，嫌烦。我们不应该被所谓的青春期、叛逆期控制，毕竟这个世界上最无私地爱着我们的就是父母。和父母通电话聊聊天是有必要的，一定要和父母保持融洽的关系，否则会影响双方的心情。父母永远是我们坚实的后盾，有亲情的支持，我们脚步更加坚实稳定。

同学们，利用这段时间好好厘清自己的学习方式及规律，养成良好的习惯，做好充分的准备，为进入初三做好奠基吧！

谢谢！

爱你们的朋友：黄培杰

校长每日一句

做完与做好的区别就是人生的区别。

正视焦虑

亲爱的同学们：

大家早上好！

焦虑是一种紧张、压抑的情绪状态。每一个人在不同程度上都有过体验，学生的焦虑多数来源于学习情境。例如考试时没有十分的把握，就会产生焦虑，这是正常的，人人都会有的。对于大多数学生来说，没有焦虑或焦虑过高、时间过长都不好，短时的低焦虑能促进学习，如考试期间有点儿心理压力，能唤起紧迫感，约束自己该努力复习功课了。那么如何克服焦虑呢？焦虑时可以放下手中的事情去参加体育活动，把心中的焦躁转化为身体能量排出体外，也可以把心中焦急烦恼的事情写下来或向朋友倾诉，从而缓解焦虑的情绪。此外，我们可以尝试以下几种做法。

第一，正确认识我们的焦虑问题。

焦虑是一种很普遍的现象。调查发现，75%的学生临考前都有紧张、焦虑、恐慌等情绪。给出这个数据就是要纠正大家这样一个错误观点："考试就只是我紧张，别人都那么轻松应对。"其实只要是正常人、持有正常的心态，那么面对着对其有相当影响的考试时都必然会紧张。为什么呢？大家都会有类似这样的体会，你只身一人在野外遇到一条大狼狗时，你的心会有些提起来。提起来就是紧张的表现。所以，既然焦虑很普遍，适当的焦虑也有利于学习与考试，那么就不要因为对"焦虑"本身的焦虑而影响了我们的学习。

第二，放下对考试结果过分担忧的心理包袱。

有些同学总是在考试之前就一直对并不存在的考试结果忧心忡忡。"万一考砸了怎么办?""如果这次考砸了，家长会……同学会……"等等，这一类的想法总是困扰着他们，结果导致注意力难以集中，入眠困难，记忆力衰退。这些夸大了考试重要性的想法和考生自己想象的"严重后果"不仅使其无法好好复习迎考，同时会加重对考试的焦虑。因此，同学们要放下对结果的担忧，努力做好复习的过程。如果把过程做好了，结果会差到哪里去呢?

第三，合理评估自己的水平，适当降低期望值。

第四，全面系统复习，做好知识准备。

俗话说“家中有粮，灾年不慌”，扎实的知识基础既是取得好成绩的有力保证，也是缓解考试紧张的最佳良药。当然这种复习绝不应该是为了考试而复习，而是为了学会知识而学习。努力做到边学习边巩固，及时清理学习障碍，夯实基础，稳步前进。

第五，科学用脑，做好精力储备。

考前，特别是重要的考试之前一定要注意休息，千万不能“开夜车”。习惯于“开夜车”的同学要将自己的生物钟及时调整过来，以免晚上神经过于兴奋，睡眠不足，白天昏昏欲睡，影响正常答题。

第六，同学间相互协作，巩固学习效果。

亲爱的同学们，机遇只给有准备的人，准备除了物质能力上的准备，还包括心理准备。愿同学们放下心理的包袱，以良好的心态全身心投入复习，以平常心考出水平，考出佳绩！

谢谢！

爱你们的朋友：黄培杰

校长每日一句

得之坦然，失之淡然，顺其自然，争其必然。

《论语》为人处世之智慧

亲爱的同学们：

大家早上好！

同学们，多阅读，多看书，不单能知天下事，更能让自己变得有修养、有思辨的能力，若看一些古诗词的书籍还能领略古时文人雅士的人生至理，对美好生活的追求，对大自然的敬畏，领略中国传统文化的瑰宝。如：儒家的一部《论语》，虽然只有短短两万余字，但它为人处世的智慧，却影响了我们中华文化两千余年，渗透到我们日常生活中的方方面面。今天我在这里和大家分享一些名句，希望你能够得到更多的领悟。

君子务本，本立而道生。孝悌也者，其为仁之本与！

古人很有智慧，无论做什么事情，都知道先去寻找其根本，然后再加以修行、对治，这样问题就很容易解决了。就好比种树，把树根照顾好了，枝叶自然就茂盛了。那么儒家所倡导的“仁”道的根本是什么呢？就是孝悌二字。孝顺父母，敬爱兄长，这两样做不到，读再多的书，也是南辕北辙。

弟子入则孝，出则悌，谨而信，泛爱众，而亲仁，行有余力，则以学文。

俗话说“做事先做人”，我们中国人讲的“学问”，其实就是做人做事的学问，把人和事做好了，最后才是“学文”。这句话一共讲了六件事，是我们必须要做好的：在家要尽孝道，出外要行悌道，言行要谨慎，做人要诚信，要有博爱之心，要主动亲近仁者。

事父母能竭其力；事君能致其身；与朋友交，言而有信。虽曰未学，吾必谓之学矣。

古人看一个人有没有学问，不是看他的学历，更不是看他读了多少书，而是看他如何做事做人。奉养父母能否尽心竭力；对待君主能否尽职尽责；对待朋友是否诚实守信。即使他自己说没有学问，我们也要认定他有学问了。

见贤思齐焉，见不贤而内自省也。

看到别人的优点，就应该想到要和他一样，向他学习；看到别人的缺点，就要反省自己身上是否也存在这样的毛病。这是正确的做人态度。但很多人做反了，看到别人的优点，他就嫉妒；看到别人的缺点，他就嘲笑。这就是要以人为镜，与人为敬，与人为善。

躬自厚而薄责于人，则远怨矣。

如果每个人都按孔子的教导去做，严于律己，宽以待人，那就不会招致别人的怨恨，在这个社会上，就不会产生那么多的矛盾和冲突了，这才是幸福的和谐社会。

过而不改，是谓过矣。

人非圣贤，孰能无过，过而能改，善莫大焉。犯了过失并不可怕，怕的是明知道自己犯了过失，却文过饰非，不肯改过，这就是真正的罪过了。知错能改，其为君子也。

同学们，多读点书吧，让我们尝试着领略人生的真谛吧！

谢谢！

爱你们的朋友：黄培杰

校长每日一句

假如我不能，那我一定要；假如我一定要，就一定能。

分享《尚书》中的美句

亲爱的同学们：

大家早上好！

今天我来跟大家分享《尚书》里的智慧。《尚书》是儒家经典之一，又称《书》或《书经》。“尚”即“上”，《尚书》就是上古的书，它是中国上古历史文献和部分追述古代事迹著作的汇编，是中国汉民族第一部古典散文集和最早的历史文献。其中这些名句值得我们学之又学，内化于行。

一、知人则哲。

哲是聪明。本句大意是；能识别人就是聪明。人是复杂的。所以能够知人，识别出哪些是好人，哪些是坏人，哪些是有才能的人，哪些是平庸的人，就是聪明。这就是我们经常说的懂得明辨是非，不是人云亦云，要看正走正。

二、习与性成。

习是习惯。性是习性。我们常说习惯决定命运，习惯决定性格。我们的老祖宗早就把这些说明白了。可见良好的习惯对于一个人的成功是多么重要啊！所以我们要养成各种良好的习惯，提高人生的高度。

三、作德，心逸日休；作伪，心劳日拙。

逸是安逸。休是喜庆、顺和。积德做好事的人，心地坦然，无忧无虑，事情也会一天比一天顺心。“作伪，心劳日拙”一句的意思是：弄虚作假干坏事的人，用尽心机，藏奸饰伪，那么处境却越来越窘迫困难。现实生活中，确有些人弄虚作假，机关算尽，到头来搬起石头砸了自己的脚，可见这两句至今仍有现实意义。特别是后一句“心劳日拙”，现已成为成语而常被引用，意思是要尽小聪明，使尽坏心眼，最后不但没有得到好处，处境反而越来越糟。骗人骗己，害人害己啊！两句从一正一反立意，可用以劝善戒恶，教育人们多做好事，不干坏事。为人处世一定要内外一致，言行一致，做坦诚、真诚的人。

四、满招损，谦受益。

自满招来损害，谦虚使人得益。这两句上古传下来的训诫，言简意赅，对比鲜明，体现了一个颠扑不破的真理，至今仍使人受益不浅。越有本事的人越谦虚，谦虚使人进步，骄傲使人落后。

五、与人不求备，检身若不及。

与人是对于别人。备是完备、十全十美。检身是检查自己。这两句大意是：对于别人不求全责备，检查自己总觉得像是有某些不足。就是说对待别人，不应过于苛求，要看到人家的长处、优点；而对待自己要严格，要经常认识自己的不足，这样才能保持谦虚、谨慎，既能学到别人的长处，又能克服自身的缺点。然而在现实生活中，人们往往过分地苛求别人，过高地估计自己。因此，熟记这个名句，常常对照检查自己，要严于律己，宽以待人，会受益匪浅。

六、人而不学，其犹正墙面而立。

人如果不学习，就像面对墙壁站着，什么东西也看不见。可见学习对一个人是多么重要，人不可不学呀，所以我们要活到老、学到老，要有终身学习的姿态、能力与习惯。

谢谢！

爱你们的朋友：黄培杰

校长每日一句

诚信 + 感恩 + 人品 + 担当 = 做人。

分享《朱子家训》中的美句

亲爱的同学们：

大家早上好！

《朱子家训》以“修身”“齐家”为宗旨，集儒家做人处世方法之大成，思想植根深厚，含义博大精深。《朱子家训》通篇意在劝人要勤俭持家安分守己，将中国几千年形成的道德教育思想，以名言警句的形式表达出来。

一、黎明即起，洒扫庭除，要内外整洁。既昏便息，关锁门户，必亲自检点。

黎明的时候就要起床，清扫院落，把室内室外打扫干净整洁。到了太阳落山的时候就休息，把门窗都关好，亲自检查。一句写“勤”，一句写“谨”。古人云：“一屋不扫，何以扫天下？”做事要从身边小事做起。日出而作、闻鸡起舞，都有一个“勤”字在。日落而息，要亲自检点门户，这样能做到处事“谨慎”。

二、一粥一饭，当思来之不易；半丝半缕，恒念物力维艰。

一碗粥一碗饭，应当考虑它们是来之不易的；（衣服，布料上的）半丝，半缕线，一定要想它们来得是很困难的。这是告诫子弟要知足，要认识到吃、穿、用都来之不易。“谁知盘中餐，粒粒皆辛苦。”艰苦朴素，不铺张浪费，节约是美德。

三、宜未雨而绸缪，毋临渴而掘井。

天还没有下雨，先把门窗绑牢，不要到渴了才想起来掘井，平时就要做好防备工作以备不测之时。俗话说：“人无远虑，必有近忧。”这两句是告诫做事情不能“急来抱佛脚”，一定要事前做好充分的准备。这很值得我们今天处事时借鉴。

四、器具质而洁，瓦砾胜金玉；饭食约而精，园蔬愈珍馐。

如果用的器具干净整洁的话，即使是瓦做的也比金或玉为材料的要好；如果吃饭吃得少而精的话，即使是普通的蔬菜也是珍贵美味。这是说家常用的器具，不求华美，只求质地坚实，并且要洗刷干净。这里再一次强调要节约。

五、子孙虽愚，经书不可不读。居身务期质朴，教子要有义方。

子孙即使是愚钝，经书也不可不读。平常做人修身一定要品质淳朴简约，教育子孙一定要用好的方法。两句都是写育人。也许在你的眼中，你觉得你的子孙非常愚笨，但是作为他们的长辈你不能不要求他们去仔细品读儒家的经典著作。这是做人的基本准则，也是育人的基本要求，所谓知书明礼。“居身务期质朴”区别于“自奉必须俭约”是指“持身”而言，即自己的一举一动，不能欺诈，而要发自内心地待人诚信。心术要正，一言一行，循规蹈矩，勤俭安分，诚信无欺。

六、重资财薄父母，不成人子。

偏重钱财，不孝顺父母，不是人的子孙的行为。中国有句古语：“百善孝为先。”孝敬父母是各种美德中占第一位的。一个人如果都不知道孝敬父母，就很难想象他会热爱祖国和人民。“老吾老，以及人之老；幼吾幼，以及人之幼”。我们不仅要孝敬自己的父母，还应该尊敬别的老人，爱护年幼的孩子，营造尊老爱幼的淳厚民风。

七、善欲人见，不是真善；恶恐人知，便是大恶。

有善心一定要让别人知道，不是真正的善心。有恶心怕别人知道，这就是大恶。这是提出了衡量善恶的两条标准——欲人见，恐人知，一非真善，一是大恶，很有见地。一个人真正地做好事，是无须自己多张扬的；而恶不敢声张，不外乎两种情况，一是已成大恶，二是日渐将酿成无药可救的大恶。

谢谢！

爱你们的朋友：黄培杰

校长每日一句

接受残缺，才是生活中的完美；接受缺憾，才会懂得取舍。

精进来自不断修炼

亲爱的同学们：

大家早上好！

精进需要不断学习，我们要努力做一个会学习的人。学习是一生的需要，要具有终身学习的习惯与能力。古语云："活到老，学到老。""吾生也有涯，而知也无涯。"要生存，要发展，就得不断学习新知识，掌握新技能，这样也才能适应社会发展的需要。

俗话说："水满则溢。"以一种空杯归零的态度，用最积极的态度去学习，我们一定会学到很多东西。"三人行，必有我师"，这也是告诉我们要虚心学习。成功者始终都在用一种最积极的、谦虚的态度学习，而且不懂就学，不知就问，乐观去思考，用思考和学习所获得的知识经验去掌控和支配自己的人生。为学之要，贵在勤奋，贵在钻研，贵在有恒。要学会思考，善于分析，正确抉择，从容自信，坚定自励。活鱼才会逆流而上，死鱼才是随波逐流，我们不单是会逆流而上，而且越战越勇，是中流砥柱，是社会的栋梁。心中有阳光，脚下有力量。只要我们有力量，有恒心，我们的每一天、每一秒都有学习的机会，都会有所收获。

求知路上没有捷径，只有不断克服，持续精进。做每一件事，学习每一个内容，都要认真做好，专心致志做好每一件事，不断优化自己的努力方式，做到精益求精，尽善尽美。

同学们，只要我们善于学习，坚持学习，善于坚持，逆流而上，善于利用碎片时间，养成阅读的习惯，善于思考辨析，不断修炼，执着追求，不半途而废，久而久之，我们一定是一个精进的人。

谢谢！

爱你们的朋友：黄培杰

校长每日一句

强不凌弱，各得其所。

学竹子精神，做幸福奋斗者

亲爱的同学们：

大家早上好！

同学们，“竹子定律”你听说过吗？竹子熬了4到5年的时候，仅仅只能长个几厘米，但是从第五年开始，它就像被施了魔法，能以每天30厘米的速度疯狂生长，仅用6周的时间就长到15米。原来，竹子它把所有的努力都用在了地下，用在了伸展根系上，这就是竹子定律。我们学竹子的毅力，扎根向上长。我们领悟到能干事，能成事，能把事做好，那是要经过长期的锻炼的。做人要厚积薄发，打牢地基，扎深根本，最终才能有大作为。一个人，先要有足够的沉淀，才能爆发。就像楚庄王那样“不鸣则已，一鸣惊人”，积蓄的能力越大，最后才能成就越大。

竹子是柔弱的植物，风一吹，竹子就摇摇晃晃，但是它不会断，因为它很韧。所以我们可以学竹子的以柔克刚，让自己有韧劲。木秀于林，风必摧之；堆出于岸，流必湍之；行高于人，众必非之。所以，有时我们要学会示弱，他人的强势就没有了用武之地。就如曾国藩所说：别人如果以虚伪来对待我，我却仍然用真诚去回应，时间久了，即使虚伪也会趋向真诚。竹子的以柔克刚，就像金庸先生所说的一段话：他强由他强，清风拂山冈；他横由他横，明月照大江。他自狠来他自恶，我自一口真气足。学习竹子那样柔和、柔软一点，该低头就低头，顺势而为，我们更加能够以柔克刚，笑到最后。

古语云：“岁不寒无以知松柏，事不难无以知君子。”竹子与梅、松并称为岁寒三友。所以我们可以学竹子的高风亮节、不畏艰难险阻的君子之品。竹子面对狂风暴雨，依然挺拔，因为它们懂得以柔克刚；竹子历经严寒而依然不凋谢，四季常青，彰显其高风亮节。这些都是我们学习的源泉、进步的支点，是我们激情生活、激扬生命的力量。

谢谢！

爱你们的朋友：黄培杰

校长每日一句

用心，会让人少走一些弯路，少犯一个错误。

成功始于努力与积聚

亲爱的同学们：

大家早上好！

同学们，今天跟大家讲一个故事：开学第一天，古希腊大哲学家苏格拉底对学生们说："今天咱们只学一件最简单也是最最容易做的事儿。每人把胳膊尽量往前甩，然后再尽量往后甩。"说着，苏格拉底示范了一遍。"从今天开始，每天做300下。大家能做到吗？"学生们都笑了。这么简单的事，有什么做不到的？过了一个月，苏格拉底问学生们："每天甩手300下，哪些同学坚持了？"有90%的同学骄傲地举起了手。又过了一个月，苏格拉底又问，这回，坚持下来的学生只剩下八成。一年过后，苏格拉底再一次问大家："请告诉我，最简单的甩手运动，还有哪几位同学坚持了？"这时，整个教室里，只有一人举起了手。这个学生就是后来成为古希腊另一位大哲学家的柏拉图。我们从故事可以看到世间最容易的事是坚持，最难的事也是坚持。说它容易，是因为只要愿意做，人人能做到；说它难，是因为真正能做到的，终究只是少数人。很多时候，成功在于坚持，成功在于努力，在于你执着地追求。

我们有一个熟悉的理论叫：包子理论。吃了第一个包子，没饱；吃了第二个包子，还是没饱；吃了第三个包子，饱了。由此下结论，只要吃第三个包子就可以了。这种说法是错的。其实，没有第一、第二两个包子的基础，哪有第三个包子的效应啊。这也是很多同学在学习的时候往往忽略基础及沉淀、积聚的过程。基础与发展息息相关。就像盖楼房一样，只打三层楼房的地基，是不能盖出四层楼的，要想盖四层，必须打下四层的地基。学习也是如此，基础扎实，终身受益。

谢谢！

爱你们的朋友：黄培杰

校长每日一句

用心做事，事半功倍；用心做人，少走弯路；用心待人，会有好运气。

龟兔赛跑给我们的启示

亲爱的同学们：

大家早上好！

同学们，我相信大家都很熟悉龟兔赛跑的故事，它带给我们怎样的启示呢？我们来回顾一下：

第一场：很久以前，乌龟与兔子之间发生了争论，它们都说自己跑得比对方快。于是它们决定通过比赛来一决雌雄。确定了路线之后，它们就开始跑了起来。兔子一个箭步冲到了前面，并且一路领先。看到乌龟被远远抛在了后面，兔子觉得，自己应该先在树下休息一会儿，然后再继续比赛。于是，它在树下坐了下来，并且很快睡着了。乌龟慢慢地超过了它，并且完成了整个赛程，无可争辩地当上了冠军。兔子醒了过来，发现自己输了。

给我们带来了启示一：稳步前进者往往能够获得最终的胜利。勤奋、持之以恒，学习是一种艰苦的脑力劳动，不能像兔子那样事情稍微有点起色就骄傲自满。你的强项很可能被你变成自己的绊脚石。

第二场：兔子因为输掉了比赛而感到失望，它做了一些失利原因的分析。兔子发现，自己失败只是因为过于自信而导致粗心大意、疏于防范。如果它不那么自以为是，乌龟根本没有获胜的可能。于是兔子向乌龟提出挑战：再比一次。乌龟同意了。于是在这一次比赛中，兔子全力以赴，毫不停歇地从起点跑到了终点。它把乌龟甩在几公里之后。

给我们带来了启示二：有优势且全力以赴一定能打败对手。

第三场：到这里故事还没有结束。这一次，乌龟又动了动脑筋，它意识到，以当前的比赛形式，它是不可能在比赛中胜过兔子的。它想了一阵子，然后向兔子发出了新的挑战，它要跟兔子再比一次，但是比赛路线会有所不同。兔子同意了。它们出发后，兔子遵循了原先的策略，坚持以最快的速度飞跑，直到面前出现了一条大河。终点位于河对岸两公里处。兔子坐了下来，思忖着下一步该怎么办。这时，乌龟赶了上来，它跳进了河里，游到了对岸，并继续向前迈进，最终达到了终点。

给我们带来了启示三：在学习中要善于发掘自己优势，转变心态，及时调整学习策略。

第四场：故事还有更新的版本。兔子和乌龟成了很要好的朋友，它们决定再比试一次，但是这次，它们两个作为一个团队的成员出现。它们出发了，这一次兔子扛着乌龟跑到了岸边，然后，相互对调了一下，乌龟驮着兔子游到了对岸。到了对岸之后，兔子又把乌龟扛了起来，最后，两人一齐冲过了终点线。两人都感到了莫大的满足感，比独自获胜还高兴。

给我们带来了启示四：发扬合作精神，共同促进。在这个集体里，我们彼此之间不仅仅是对手，更是同学、战友。我们要彼此发挥自身优势，善于合作，发挥团队作用，以取得共同进步。

同学们，小故事有大道理哦，慢慢领悟吧！

谢谢！

爱你们的朋友：黄培杰

校长每日一句

决定人生宽度的，不是智慧，而是态度。

我们是这样过假期的

亲爱的同学们：

大家早上好！

同学们，我们一年有两个假期，那是多么幸福的事，也是很多上班族羡慕的、回忆的。假期是用来玩的吗？其实，非也，假期是我们的另外一个课堂，也是我们学习一学期之后进行的休整，以便更好地为下阶段进一步学习奠基，同时也是陪伴家人、孝敬家人的大好时机。那我们应该怎样过有意义且有收获的假期呢？我们首先要有合理的假期计划，不好高骛远，不玩物丧志，脚踏实地，结合实际，如阅读、社会实践（包括参加社区活动、家务劳动等），合理科学安排作息，合理安排课内作业时间，合理安排体育锻炼的时间，等等。

在假期一定不要忘记惜时。“一寸光阴一寸金，寸金难买寸光阴。”孩子们，年少的时间是极为宝贵的。时光易逝，韶华不再，荒废时间的人终究会行囊空空。“盛年不再来，一日难再晨。”时间流走就不会回头。孩子们，你们一定要珍惜假期的时光，去阅读、去实践，让自己的假期充实而有意义。

去阅读。赵恒在《劝学诗》中言：“男儿欲遂平生志，六经勤向窗前读。”想增长你们的见识，就得常常阅读。书是智慧的钥匙，书是知识的海洋，书可以为你们插上想象的翅膀。孩子们，从现在开始，读书吧！

去实践。“纸上得来终觉浅，绝知此事要躬行。”孩子们，读万卷书不如行万里路。只有你的脚勇敢地迈出了第一步，你的思想才能更好地成长。去吧，在实验中验证你们的猜想，在旅行中感悟山河的壮丽，在自然中领悟生命的意义。强健体魄，修养身心。每天跟着音乐坚持跳绳，从熟练单摇到花式跳绳，从一分钟跳一百六十次以上到进阶加速；每天坚持练字，身要直，心要静，一笔一画，长期坚持。

假期一定要自主学习，养成习惯；制订可视化学习计划，分解学习目标；主动完成作业，自主预习、复习，学而时习之，温故而知新；进行有效的练习，有针对性地突破难点；畅游书海，在科幻著作中探索科学奥秘，在古典诗词中感受人文熏陶，在人物传记中寻找精神滋养等；提出问题，激发思考，制作问题百宝箱，收集发现的问题，筛选有价值的问题，不断探索，锲而不舍地追根溯源，做生活的发现者和学习者；亲近自然，崇尚科学，寻找会说话的石头，收集有故事的树叶，探究生物的多样性等，以研究的视角，用做项目的方式探究大自然的奥秘；参与家务，服务家庭，制定家务计划，做好家务分工，学习简单的买菜、做饭、收拾屋子等事情，主动承担力所能及的家务，为家庭服务。

同学们，放假不是没有节制玩手机的。我们知道，电子产品使用不当伤害了自己的身心健康，影响了自己的心情，影响了家庭的和谐氛围，影响了亲情关系。合理利用网络与手机，增长自身见识，帮助他人，也利于自身。孩子们，假期里可以背起行囊，迈开脚步，辛勤跋涉，去攀登书山的巅峰，去饱览学海的美色。每一个假期苦短，收获却可以良多！假期里可以争当义工，回馈社会，多方面参与社会实践，承担社会责任。如推广传统文化，传承传统美德；践行环保，坚持垃圾分类；孝亲敬老，帮扶空巢老人；等等。同时，我也希望同学们在每一个假期里，都给过去的自己写一封信，告诉曾经的自己是否在未来的现在遇见了更好的自己；也给未来的自己写一封信，期待未来的学习与生活更充实更精彩；给在过去一学期里相处的同学们各写一个优点，给老师、家长写下感谢的词句。这些都是以后生活里值得回忆的美好片段。

谢谢！

爱你们的朋友：黄培杰

校长每日一句

江河入海，积聚成多。

追求学习的乐趣

亲爱的同学们：

大家早上好！

学习是脑力劳动，是辛苦的，但我们如果不学习，那就会在未来生活中苦上加苦。我们不如轻松学习，把学习当作一种享受，享受学习带来的乐趣，把学习当作一种习惯，让阅读、学习陪伴我们一辈子。学海无涯苦作舟，书山有路勤为径，这也说明了学习是一件苦差事；但只要我们勤奋，那一定是成功的。如果我们不想吃学习的苦，那我们必将吃生活的苦。

在韩国拍摄的纪录片《差生 3》中，有一个叫洪成浩的学生，沉迷游戏，无法自拔，有时候甚至一天 24 小时全部挂在游戏上，学习成绩也因此一落千丈。到高一的时候，他告诉父母自己要退学去打职业，父母已经对孩子没有办法了，也没有拦着他。然而，现实中打职业赢比赛可比故事里难多了。游戏大赛，洪成浩输了。这一输，也输掉了他对电子竞技的兴趣。在父母的鼓励下，他重新拾起书本，最终拿到了名牌大学四年奖学金的名额。学习，拼一拼就有机会赢。

为什么要努力读书呢？努力读书不一定能挣很多的钱，但一定拥有更多选择的机会，选择有意义的有时间的工作而不是被迫谋生；努力读书不一定能交到很多朋友，却能够拥有更充实的、更丰富的人生；努力读书不一定能美丽你的容颜，但是一定能提升你的气质与涵养；努力读书不一定能够让你成为完美的人，但是恰能帮助你不断完善自我。同学们，你认真学习，养成认真学习的习惯，你读过的书，看过的书，学到的知识，总有一天你会发现这些都是你人生的财富。

学习，除了努力，还要注重学习的方法。有些同学认为自己不是读书的料，怎么学成绩都上不去。其实，对基础教育阶段的学生来说，拼努力的成分是远远大过拼智商的。如果你努力了发现成绩还是没有变化，那么应该反思一下是不是你的学习方法出了问题，你的努力是真努力还是假努力。以前我有一个学生，他上课看起来很用功，下课也经常请教老师、同学自己不懂的问题，但每次考试，他的成绩都没有太大变化。后来，我发现他的学习毫无章法，早读哇哇啦啦背了一早上，下来还是什么都没记住，也不知道神游去了哪里。上课跟老师做的笔记，只有碰到问题的时候翻一翻，平时并不会翻看复习。错题在卷子上改了就完了，也不会整理。别人给他讲题讲了好几遍说自己听懂了，结果下次碰到还是不会……他看起来很努力的样子，只是在假装努力罢了，骗了别人也骗了自己，但唯独骗不了成绩单。因为努力如果无用的话，你肯定会反思哪里出了问题，但他却是永远在循环“努力—没考好—丧气—继续努力”，丝毫没有调整自己学习方法的意思。我们看在眼里，也替他着急。

同学们，学习不是死读书，行军作战也不是只拼人数。战场重战术，学习则讲究学习方法。归纳整理、时间管理都是提升效率的好方法，学会提升效率，才能多挤时间刷题、背诵、查漏补缺。让我们把学习当乐趣吧！当成人生一种享受吧！有机会学习，那是一种幸运与幸福。

谢谢！

爱你们的朋友：黄培杰

校长每日一句

比别人多想一点，多做一点，多准备一点，多干一点，多坚持一点，多流一点汗，多吃一点苦，多品尝一点寂寞，多付出一点，就能多显露出一点才华。

以劳育美　以美养德

以劳育美，劳动浸润

亲爱的同学们：

大家早上好！

我们都知道劳动的重要性。劳动创造了人本身、文明，乃至世界，是推动历史前进的动力。劳动能锻炼人的身体，使人身段优美、身体健康。劳动能促进人的成长与发展，丰富人的精神世界，与个人的成才、事业的成功紧密相关。劳动可以锻炼我们的能力，磨砺我们的意志，强化我们自强、自信、自立的意识。通过劳动，我们不但能学会艰苦奋斗、吃苦耐劳、坚强不屈，还能学会艰苦朴素、勤俭节约。

培养劳动习惯可以从家务做起。在家里，积极参加家务劳动，同时也可以弘扬良好的家风。参加家务劳动，能够掌握一定的劳动技能，有助于养成勤劳自立的习惯。从事家务劳动，能够锻炼和增强意志力。在紧张的学习之余，做一点家务，也是一种休息，可以调节大脑机能、增强体质、促进健康。家务劳动能力强的人，生活技能相对较高，独立生活能力也较强，会对生活充满信心，能够独立面对各种困难。当然，在学校，要积极参加班级和学校举办的各种活动；在社会上，要积极从事各种公益劳动。热爱劳动，乐于劳动，就会收获快乐，成为快乐的劳动者。

家庭是人生的第一学校，父母是人生的第一任教师。我们希望“家长要通过日常生活的言传身教、潜移默化，让孩子养成从小爱劳动的好习惯”。父母热爱劳动，孩子才能热爱劳动；父母通过劳动创造美好生活，孩子才能学会通过劳动创造美好未来。

谢谢！

爱你们的朋友：黄培杰

校长每日一句

灵感，是由于顽强地劳动而获得的奖赏。

体育让我们更美好

亲爱的同学们：

大家早上好！

运动让我们健康快乐，运动让我们有好的体格。我们至少要喜欢一两种运动，陪伴着我们一辈子的学习、生活、工作。在学生时代，运动除了成为一种自觉，我们更要重视体育课，积极参加学校的体育节。

体育，是这世界最美好的教育；体育让城市更美好；体育让我们的校园更有活力；体育让我们身体棒，有魅力！学习有效率，生活有质量！

柏拉图说：为了让人类有成功的生活，神提供了两种管道——教育与运动。事实证明，这两种管道是相辅相成、缺一不可的。有研究表明：多运动不但可以少生病，还可以节省如抑郁症、失智症等许多慢性疾病所造成的社会成本；况且有好的体魄才能把所学的知识、技能长久地应用出来。多运动还能加强团队合作的默契及提高社会交往能力，多运动可以养成健康的生活习惯，多运动在塑造人的外形和气质上起到了核心作用，多运动可以帮助我们建立成熟、积极的心理。多运动可以让我们能发现自己的长处，不断追求卓越。

毛泽东在《体育之研究》中这样写道："体育一道，配德育与智育，而德智皆寄于体。无体是无德智也。"说的是人的全面发展从体育运动开始。所以说：体育可以让我们做一个真实的人；体育可以让我们健康，而健康是人生最宝贵的财富；体育可以让我们有高贵的品质，即责任心；体育可以让我们有积极的心态；体育可以让我们迈向成功的核心品质，即坚强；体育可以让我们更加乐观、阳光。

运动和不运动的人，人生到底差在哪呢？

运动能够强身健体，这是我们从小听到大的一句话。长期坚持运动和从不运动的人，差距最大的地方就在于身体素质，而这个差距还会随着年龄的增长不断拉大。寿命延长、体格健壮，这就是常年坚持运动后的收获。俗话说，三十岁之前的长相是父母给的，三十岁之后的长相是自己练出来的。

坚持运动，可能一天两天成效不明显，但是一个月两个月，赘肉就可能减少；一年两年，皮肤就可能更好；十年二十年，就会发现自己早已远远甩出不运动的同龄人一大截。

坚持运动给人带来的，除了宣泄压力的愉快和兴奋，更是一种自我的升华。运动不是一件容易的事情，坚持下去不仅需要体力，更要毅力和韧性。在坚持运动的过程中，人也会慢慢从懒惰走向勤奋，并且越发摒弃坏习惯，变得积极起来，身体状态佳，精神饱满，阳光自信。

坚持锻炼的人，在智力和反应方面明显高于很少运动的同龄人。运动能改善不良情绪，使人精神欢愉，还能有效预防和治疗神经紧张、失眠、烦躁及忧郁等症状。阳光、空气、水和运动，这是生命和健康的源泉。运动，是对抗岁月最好的武器。坚持运动、认真生活的人，永远都不会老。都说岁月不饶人，但岁月其实也会悄悄善待那些坚持运动的人，给他们强健的身躯、饱满的精神、敏锐的思维。运动，能够锻造你的身材，修炼你的容貌，改变你的大脑，重塑你的生活！

西方有句古话说："人类最好的医生就是空气、阳光和运动，它治疗的不止有身体，还有内心。"当我们能够克服自身的惰性，并把运动作为一种习惯，总有一天，我们会收获一个更好的自己。

下面这些运动小知识，与大家分享，希望对大家有帮助！

1. 运动前要做好准备活动，防止肌肉和韧带的损伤。

2. 早晨是人体最"空旷"的时候，也是减肥最佳时期。可是却不能空腹长时间运动，因为这时人体的血糖浓度很低，运动量过大，很容易造成头晕眼花甚至是呕吐。

3. 午间运动的时间最好选择在下午的 3～6 时，因为这时身体精力比较充沛，属于人体最适宜运动的时间段。

4. 晚餐后 1 小时再做运动比较好。可以在运动后适度补水，但不要再大量补充食品，以免影响消化及睡眠。

5. 不建议在晚间 10 时后做运动，否则神经过于兴奋，机体疲劳，会很难入睡。

6. 身体疲劳或者生病时（如重感冒）不要强行锻炼，以免加重病情或者发生意外。

7. 饮食要适当，不要在吃饱的情况下马上从事锻炼。

8. 运动中一定要配合呼吸法，运动效果才更显著。在肌肉受力时吸气，放松时呼气就可以了。

9. 运动是身心和身体结合的运动，当你伤心、难过、生气时，不要用运动去发泄。

10. 步行是一种非常好的运动方式，适应各种人群。

最后，把习近平爷爷给广大少年儿童的几句寄语送给大家：刻苦学习知识，坚定理想信念，磨炼坚强意志，锻炼强健体魄，为实现中华民族伟大复兴的中国梦时刻准备着。

谢谢！

爱你们的朋友：黄培杰

校长每日一句

让需求简单一点，心灵就会更轻松一点。让外表简单一点，本色就会更接近一点。让沟通简单一点，情感就会更融洽一点。让过程简单一点，内涵就会更丰富一点。让效率高一点，成果就会更丰硕一点。

生活要有仪式感

亲爱的孩子们：

早上好！美好的一天又开始了哦！

今天我来跟大家讲讲仪式感的话题。

说到仪式，大家都不陌生。如开学典礼、新生入门礼、毕业典礼、各种纪念日，如前几天“三八女神节”的庆祝活动等，都是比较常见的仪式。参加这些仪式，我们往往会不由自主产生一种神圣的感觉。我相信，很多人还停留在庆祝三八女神节意犹未尽的感觉，这就是生活仪式感的魅力所在。所以说，仪式感是一种生活的态度、对待生活认真的态度；仪式感是用心做事的一种行为；仪式感是不断成长的一种境界。

仪式感也是对事、做事的一种习惯，思维的习惯。仪式感相当于一个按钮，当你去做这个动作的时候，就是告诉大脑，我要开始进入另一个状态了。如在你每天起床之后，穿好正装，整理领带或是领口的时候。这种每天早上的简单仪式感就是在告诉大脑，我要进入工作的状态了。而另外一种场景是这样的：当你某天睡过头了，然后急急忙忙穿好衣服风风火火出门，到了公司绝对需要一段时间才能进入工作状态。我想以上两种场景对每一个人的影响都是不同的吧。同样地，运动员在比赛开始前一般都会有一个习惯性的动作，或是武术里的起手式。这都是在告诉自己的大脑和身体该进入某种状态了。所以我认为仪式感的背后，是对生活深深的热爱。

生活需要有仪式感，我一直深信教育也需要有仪式感。我自从工作以来，从做班主任到现在，尤其在我们学校开办以来，我更注重这教育的仪式感，大家回顾一下便知了，也可以看到这带有仪式感的教育效果，同时也给我们带来收获与希望，快乐与成长！所以，同学们，学习也要有仪式感哦！如每一天的线上空中课堂，你是否换掉睡衣穿校服参加学习？因为只有这样，才能真正走进课堂，这就是学习的仪式感。你是否在每一节直播课前做好课前准备，准备好课本、练习本、笔、纸呢?！这也是仪式感，因为只有这样，才能进入课堂的状态！进入课堂后，你有没有认真听讲，认真做笔记及合理交流呢？这也是学习的仪式感。大家都同样在学习，为什么有些同学就有效果，进步很大？我想这些细节、学习的仪式感只是你不注意罢了。孩子们，莫怕，若你以前不注意，从现在做起也不迟！加油！

谢谢！

爱你们的朋友：黄培杰

校长每日一句

大事难事看担当，逆境顺境看襟度。

打造 “最美书桌”

亲爱的孩子们：

孩子们，上一次，我跟大家讲的话题是学习要有仪式感，我想大家应该从字里行间及生活的点点滴滴看到仪式感给我们带来不一样的结果。自从2020年2月17日线上教育以来，我们无非也都是在注重仪式感的融合，只是大家不觉得罢了！

在“停课不停学”的秩序中，我们是认真的！

打卡一份晨读的声音，
摆拍一个厨房里忙乱的身影，
晒上自己的烹饪美食，
捕捉一个最美的笑颜，
定格一方整齐的书桌
……

我们在努力的路上，不为姿态本身，为的是塑成一种美好的生活方式，延续一种美好的习惯，定格一种素质和品质！

今天，我向大家发出倡议：生活、学习的仪式感从拥有“最美的书桌”开始。让自己有最佳的状态，以最美的行为开始每一天的学习生活。同学们，最美书桌，首先有书，有作业本，有笔，井然有序；其次是跟“在线教育”学习有关的电子产品。我们眼中的最美书桌不需要书桌昂贵，只要适合读书、学习，整齐有序，有自己的个性罢了。当然，贵在坚持，至少坚持21天。我想，到那时，最美书桌，最佳状态，最美的行为，一定成为习惯，成为自觉！

同学们，修行，我们永远在路上！

谢谢！

爱你们的朋友：黄培杰

校长每日一句

道理只有经历过才懂得。

诚实守信讲真话

亲爱的同学们：

大家早上好！

同学们，还记得我跟大家讲："三管四品质"吗？四品质中提到诚实守信。没错，一个人如果养成讲真话的好品质，就会发现诚实守信有多重要，尤其对朋友，更要言而有信。诚实，不只是一种品质，更是一种信念，一种心智的力量。在这次疫情面前，我们可以看到很多讲真话、守信的人，可歌可泣！从这样的一群人身上，我们可以感到诚实的力量和诚实的可贵，并为之深深感动。诚实如此难能可贵，我们要时刻敢于说真话，说实话，做到表里如一。

诚实守信是为人安身立命之本。做人要诚实守信，因为诚信是一个人品德、修养和人格、教养的体现。其次，诚实守信，才能有可能赢得别人的尊重和真正的友谊。诚信是一种道德原则和规范，它要求人们求真、求实，知行合一对人、对事、对己。诚信对人的重要性和意义在于，养成说老实话、办老实事、做老实人的行为品质。诚信对待周围人，才能更好地适应社会生活，实现自己的人生价值。诚实守信会让你有更高的平台，有更广阔的空间，会让你走得更远！

孩子们，请记住：爱则不离，诚则不败！当你对自己诚实的时候，世界上没有人能够欺骗得了你。

谢谢！

爱你们的朋友：黄培杰

校长每日一句

人的一辈子最美好的回忆就是少年同窗友谊。

静以修身

亲爱的同学们：

大家早上好！

王维的一首诗《鸟鸣涧》：人闲桂花落，夜静春山空。月出惊山鸟，时鸣春涧中。整首诗意境唯美，同时写得也是极为巧妙，看上好像很孤独，其实诗人很享受那种宁静的生活。

现在的人越来越浮躁。其实身处在这个大时代，我们还是要坚持自我，要保持最纯真的一面。只有这样，你才会活得更加快乐。有的时候，我们能静下心来读一读古诗词，对自己是很有帮助的。古话说得好，活到老学到老。当我们心烦、情绪低落的时候读一读古诗词，一定能够从中感受到那种独特的美，那种唯美让人心旷神怡，同时也让自己内心更加宁静。

让人内心宁静，特别是一个人的时候，真正静下心来，融入作品所营造出来的意境中，那么就会发现，这首诗每一句都很独特，让人会有一种心如止水的感觉；无论生活有多么糟糕，当你静下心去思考，你会发现生活还是很美好，最重要的一点，那就是要善于去发现。从这种美好中，自然而然就会充满活力，从而对生活有了更多的期许。

人只有让自己内心先平静下来，才有资格去谈理想，去谈生活，不然的话，说再多，那也是白搭，内心时常伤感，活得很累，没有任何的意义，要是这么想的话，自然是看不到生活中独特的美。我们静心就能感悟到大自然的唯美，能够坚定对美好生活的追求及对生活充满激情。

对于学习及学来的知识，我们要反复练习，实践，去验证知识的真实性，可行性，这样才有更深刻的认知，才能变成自己的东西。在身体力行中，我们知道前人的优秀与不足之处。在不断的对比验证中，我们融会贯通，然后创造属于自己的东西，这才是学习的意义。而这需要我们自觉静下心来、潜下心来真正地投入，才有可能成功。我真心希望大家能做到：动如兔子，静如处子。

管子云："勿烦勿乱，和乃自成，能正能静，然后能定。"静，是一股无声却坚韧的力量，当内心真正能平静下来，遇事不烦躁、不慌乱，更不为外界的忙碌所煽动。我们每一天都能静静读书、勤奋学习，那么心里就多了一份安宁与踏实。平静如水的心境，反而会让人更有活力，心灵在放松的状态更能保持开放。让我们全身心地体会世界，步履变得从容，控制好情绪，坦然面对风风雨雨。

我亲爱的学子们，我相信你们一定是荷枪实弹，时刻准备战斗，一定会勇创辉煌！谢谢！

爱你们的朋友：黄培杰

校长每日一句

梦想的实现在于实践，只会纸上谈兵的人永远只能画饼充饥，空过机缘。

生活有兴趣

亲爱的同学们：

大家早上好！

今天我们来谈谈兴趣。不知大家有没有留意到一个小小的规律：在每一次自我介绍上、在每一份简历中，都有一项看似可有可无，甚至让人觉得不知道该怎样回答更合适的提问——说说你的兴趣爱好。这是为什么呢？欧阳修说："视其所好，可以知其人。"你的兴趣爱好能够反映出你的人格甚至是你都未曾察觉的内心世界。随着科技的进步、时代的发展，我们的兴趣爱好越来越广泛：从单纯的阅读绘画、唱歌跳舞、跑步游泳，拓展到 AI 编程、cosplay、动漫，有些人还选择影视、电竞、追星等作为自己的兴趣。因为有了自己对一个领域、一方天地的热爱，所以人们在各个领域都在进行不断的探索和征服。每一个兴趣都应该被尊重，每一份热爱都不该被辜负。

一个深广的心灵总是能把兴趣的领域推广到无数事物上去。兴趣让我们放松与愉悦，给我们心灵的满足与成就，劳逸结合才能更好地生活，所以我们的兴趣是建立在做好本职工作的基础之上的。学习是我们的本职工作，不仅仅是在丰富自己的知识储备，更是在培养自己的学习能力，有能力、有基础，才能继续支撑我们对兴趣的追求，让我们陶陶然乐在其中矣，切勿本末倒置。亲爱的同学们，在这个加长版的寒假里，你有继续追求、培养自己的兴趣吗？

谢谢！

爱你们的朋友：黄培杰

校长每日一句

传统的东西未必是落伍的，而前卫的东西也不一定都是好的。有智慧的人懂得运用自己的 IQ 和 EQ，去做最有价值的判断和选择。

懂规矩，敬畏规则

亲爱的同学们：

大家早上好！

中华优秀传统文化告诉我们，人活着必须有三畏：畏天，畏地，畏己。畏天，就是要顺应天道与自然；畏地，就是珍惜我们生存的空间和环境中的万物；畏己，就是要敬畏自己和他人的生命，珍惜当下的生活。一个人只有心怀敬畏，才能拥有方向、准则和规范，然后才能具备真挚、平等面对周围人与事的能力。这不仅是一种人生态度，还是必不可少的基本素养，更是立足社会最根本的条件。

同学们，仰望星空，钟南山爷爷等才是我们的明星，脚踏实地，我们才会有最美的未来。只有少年强则国强，祖国的强大依靠的是科学技术！依靠的是无惧无畏共赴国难的勇士！黑格尔说："一个民族有一些仰望星空的人，才会有希望。"一个国家多一些为民族利益而忠诚守望的人，国家才有希望。

同学们，当听到快开学了时，我们更应该心怀感恩，我们一定要根植感恩情怀，回报祖国。同学们表达感恩的最好行动就是严格自律，遵规守纪，如开学后一定要按照学校的防控要求认真履行，出门前测体温做登记并签名，进校园要自觉出示温度登记表，上学路上要戴口罩，进饭堂自觉排队，测体温，把手洗干净，打饭排队要有一米距离，就餐不讲话，等等。这些规矩我们要自觉遵守，习惯要养成。同学们，这些不单是守护好自己的健康，也是保护他人，保障我们能正常地学习，更是对抗击、防控疫情的最大贡献。

谢谢！

爱你们的朋友：黄培杰

校长每日一句

不要等待机会，而要创造机会。

以礼为人，以礼待人

亲爱的同学们：

大家早上好！

《论语·颜渊》中颜渊问仁。子曰：“克己复礼为仁。一日克己复礼，天下归仁焉。为仁由己，而由人乎哉？”颜渊曰：“请问其目。”子曰：“非礼勿视，非礼勿听，非礼勿言，非礼勿动。”颜渊曰：“回虽不敏，请事斯语矣。”

这段话道出孔子的准则：不符合礼的不看，不符合礼的不听，不符合礼的不说，不符合礼的不做。这说明人与人之间需要“礼”，需要尊重；人与自然也是如此。“礼”其实也是一种规则，需要我们敬畏及尊重。

古人说：“不学礼，无以立。”就是说，你不学“礼”，就没法在社会中立足。那么，什么是礼仪呢？简单地说，礼仪就是律己、敬人的一种行为规范，是表现对他人尊重和理解的过程和手段。换一句话说，就是说话做事让人感觉舒服。一个有礼之人，他的言谈举止肯定不一般。懂礼仪，行礼仪，不仅是个人素质、教养的需要，不仅是个人的文明水平的体现，更是集体的脸面，有时甚至是国家的脸面。心里无敬意，目中就无人，言行中当然也就没有礼貌。俗语说得好：“伸手不打笑脸人”“礼多人不怪”。这就是说明一个人对人对事有礼貌、包容、宽容，那结果是截然不同的。礼，可以让你把棘手的事情妥善处理解决，可让复杂的人际关系简单化，变得和谐。

人，不但是自然的人，也是社会的人。每一个人的所作所为，都是和别人息息相关的。人的自由是要受到社会公德的约束的，否则就会私欲横流，人类也就早被自己吞没了。所谓的礼，可以简单地解释为社会公德，是保证社会稳定和人们和谐相处的重要基础。

不遵守社会公德的人，就是无礼之人；无礼之人，即是不仁之人。无礼不仁之人，无视社会公德，损人利己，不顾廉耻；或损公肥私，以身试法；或见利忘义，坑害别人；或欺生杀熟，牟取私利。诸如此类，皆由人的一己私欲而生，长此以往，国将不国，民将不民。没有道德和法律约束的社会机制，人间就会变成地狱，而不是天堂。总之，个人的私欲不可置于社会公德之上。

同学们，礼貌的人有时需要坚持，人人都这样了，必然会影响别人，礼貌的风气才可能形成。总之，只要相信自己是真诚的，别太在意别人的反应，礼貌表示你对他人的尊敬。孟子有言：敬人者，人恒敬之；爱人者，人恒爱之。希望别人敬你爱你，你首先要敬人爱人。除此之外，礼貌更是在彰显你的教养和自信。

我们毫不怀疑，倘若我们每位中学生都能讲文明，懂礼仪，那么我们的班级、我们的校园必然会焕然一新，我们一定有最美的你我，有最美的校园，我们大家都会生活在友好、宽容、关爱、温馨的氛围中。这不仅是我作为校长希望看到的，也是你们今后走向社会必须具备的素质的体现。

机遇与挑战，努力与智慧并存，让我们走出去且走得更远，但要走得更好、走得更有尊严，我认为需要我们大家正行雅言，从我做起，从今日做起。文明校园，全赖有你。礼行天下，天下大同。

谢谢！

爱你们的朋友：黄培杰

校长每日一句

零，只有和实数在一起才有意义；思想，只有和行动在一起，才能发出光辉！

不挥霍，勇承担

亲爱的同学们：

大家早上好！

孟子说，只有“先苦其心志”，方能“增益其所不能”，只有经过“苦”的洗涤，才能铸就钢铁般的意志。也就是说，随便得到的成功或成果意义是不大的，也就因为困难或不容易解决，这才需要我们立下意志去克服，这样的结果会更有意义，更有价值。

在学习、生活中，我们深切感受到一些宝贵的东西正在从手间悄悄溜走，进而深刻领会了“挥霍青春”这个词。

时间本是世上最宝贵的财富，是永续流动、永不回头的，而青春年少时对此毫无感觉。每天学习、娱乐、聊天、吃饭、睡觉，以为时间无穷无尽，将会永远这样延续下去，今天之后还有明天，明天之后还有后天。但是，慢慢地，我们就追悔莫及。所以要杜绝挥霍时间，要学会变时间为我所用，做生活的积极者、强者。

在成长的道路上，不挥霍青春还体现在我们要做适合自己年龄的事，明白自己的任务，担当责任，用感恩来诠释责任。感恩于心，责任于行，只有坚定于此，才能有收获。

责任的核心就是敢于负责和勇于承担。我们要树立敢于负责的理念，培养敢于负责的精神，对自己的所作所为负责，对自己的一言一行负责，对自己的前途命运负责。唯其如此，我们才能变压力为动力，视苦难为磨炼；唯其如此，我们才能从没有希望中走向希望，从没有出路中找到出路。

谢谢！

爱你们的朋友：黄培杰

校长每日一句

安静一点，慈善一点，沉稳一点。

人生幸福有没有标准

亲爱的同学们：

大家早上好！

人生没有标准，但人生于世，并非孤立的个体，总有值得我们参考、借鉴之处。以铜为镜，可以正衣冠；以史为镜，可以知兴替；以人为镜，可以明得失。

如：怎样才是幸福的呢？幸福不在物质，而在心灵。物质的富有从来无法填补内心的空洞。幸福，在脚下，在手上，在身边，但从来不在嘴里。幸福就是有事做，幸福就是到中年后父母还健在，幸福就是碰到困难敢于克服解决。所以我们要拥有幸福的根基及能力。人生的幸福就是人生要有高度、宽度及深度，那就是视野有宽度，读书有厚度，寿命有长度，感情有温度，心态有高度，生活有热度。所以幸福有固定的标准吗？我想，就是要因人而异，看人的心态，见仁见智罢了。

同学们，四季交替，不可能永远都是春天。我们只有不断努力充实自己，才能去应对未来不知道的一切可能变化；只有不断追求上进，才能对得起在春天时候的承诺及努力，才能对得起春天带给我们的美好！同学们，一个人有力量固然重要，但更重要的是能聚集其他的力量和能力，传递更多更大的力量。这就是我认为的人生幸福的标准及意义。

谢谢！

爱你们的朋友：黄培杰

校长每日一句

文明诚信让生活更和谐。

做正确选择，不忘初心

亲爱的同学们：

大家早上好！

做一个正确的选择并不容易，而在选择后我们要怎么做，是一个更难的问题。我时常和同学们讲，要敬畏规则、守规矩。所谓规则，就是我们的校规校纪；是我们学生应该遵守的道德行为准则；是我们一言一行都要做到合“道理”、合“仪礼”；是我们的“三管”：管住自己的手、管住自己的嘴、管住自己的腿；是我们的四个美好品质：自信阳光、刻苦努力、学会尊重、真诚守信。希望你们在这一次准确的选择后，能够越发在书山上，或勇攀高峰，或闲庭信步；在无涯学海中，或乘风破浪，亦看云起云落。学校生活，必要在这方书香馥郁的校园里有收获、有成长，有责任与担当，有开心与快乐，有进步与未来，一切从心出发，心心相遇，重新扬帆起航！

我聪明的孩子们，我希望你们，能够在学校社团中培养主人翁意识和团队意识，学会合作，锻炼自己，在自我管理中提升自己、服务他人，在增强兴趣的同时主动发展、挖掘潜力。我希望你们在学校活动中成长提高，从体验中浸润思想、外化行动。我希望你们能培养运动、艺术、实验、理财、生存、劳动的强技能，有阅读、运动、书写、守礼的好习惯。我希望新时代的你们自信自制、善良正直、坚韧刚强、创新想象。做有灵气、有秀气、有骨气的少年；做有鸿鹄志、尝胆心的奋斗人；做身体力行、知行合一的实干人；做懂感恩、会宽容的文明人；做有中国心、有世界眼的创新人。

我亲爱的孩子们，我虽为校长，但也和你们一样无时无刻不在面临选择，所以在这里，我选择作为小朋友们的“校长爸爸”，我希望你们在这美丽的校园里感受到来自我和老师们，对你们的关心、呵护与支持，期盼你们快些长大，期望你们学有所长、学以致用，期待你们始终对世界保持好奇心、不断探索，期愿你们培养好胜心，敢于挑战无限可能。同样的，对于初中的同学们，我选择不仅做你们在这个大家庭里坚实的依靠和坚定的朋友，更希望成为你们在学校里最知心的朋友。

我可爱的孩子们，请看看身边的老师，他们也在学校做出了最正确、最幸福、最有成就感的选择。他们此刻的脸上所洋溢的笑容，是因为看到了你们，老师们看见了你们脸上求知若渴的迫切，看见了你们小小的身体中蕴含的大大的潜能和力量，看见了刚刚踏入校门的你们朝气蓬勃、未来可期，看见了迈出校门的你们自信昂扬、大有可为。所以老师们因为选择了在执信琶洲实验传道授业解惑、为人师表，而感到幸福和自豪。

我优秀的孩子们，我们学校也在选择。作为其中的一员，我们选择了在我们日夜辛勤耕耘的这片土地上，承厚望、树标杆、创未来，选择了和全体师生家长们，聚初心、凝众志、谱传奇。为了给师生们营造良好的学习和工作环境，学校建成并完善了更多、更实用、更现代化的功能场室和基建设施：崭新的报告厅、宽敞的体育馆、前沿的创客室、整洁的校道、明亮的教室、飘香的食堂、干净的宿舍，以及满足和培养同学们兴趣爱好的各社团场室。我们会继续打造新环境、探索新高度、启航新征程、展望新梦想，凝心聚力，谱传奇！

朋友们，因为信任、因为缘分、因为追求，我们相聚在这里，就要齐心协力在这里踏实走好我们脚下的路，共创美好未来，不忘初心，不负韶华，不辱使命，砥砺前行。

奔跑，向着目标加速；攀登，迈向新的高度；生长，汇聚蓬勃力量。初心在誓言中镌刻，使命在奋斗中坚定。新的征程已经启航。挂云帆，踏万古江河；济沧海，铸不朽人生！我相信，校园一定会因你们而更加精彩！

谢谢！

爱你们的朋友：黄培杰

校长每日一句

幸运从用心开始。

依靠与依赖

亲爱的同学们：

大家早上好！

同学们，我从读大学到参加工作以来，悟出了很多道理。如天道酬勤，爱拼才会赢等等，特别我对“依赖”与“依靠”又有自己的认识与见解，这两个词的选用有很大的区别。我们学习要依靠课本，要依靠老师，决不能依赖课本、依赖老师；我们工作要依靠单位，依靠合作伙伴，依靠团队，但决不能依赖他们。换一句话说，学习、生活、成功都是依靠自己而不是依赖他人的。当然，若要成功，不是靠等，凡事最终都要靠自己，有本事才是硬道理。不管靠谁帮忙，最终都得靠自己。因为所有的资源、条件都必须依靠于你自身的价值才能在一些复杂环境、情况和工作面前发挥作用。我们积极寻求别人的帮助和贵人的帮忙，是人之常情，也是成功的有效手段。但很多人忽略了一点，别人愿意帮助你的前提是你值得帮助。某种意义上讲，还是自己帮助了自己。

同学们，你们始终要明白：别人帮你，最多只能扶上马送一程，究竟能跑多久、走多远，还得看你自己的能力、能量。很多误入歧途的人，舍本逐末，一味地认为自己认识“高人、贵人”就能解决自身发展的瓶颈问题，这往往想错了方向、跑错了题。总之，自助者天助之。任何外因都必须在内因的基础之上才能发挥作用。机遇、机会只有在有能力抓住他们的人手中，才能发挥出作用。

谢谢！

爱你们的朋友：黄培杰

校长每日一句

放弃是一种智慧，缺陷是一种恩惠。

读小故事悟爱的道理

亲爱的同学们：

大家早上好！

同学们，今天我跟大家分享两个小故事，小故事大道理，让我们在读的过程中悟出道理，领悟反思，内化于行，不断追求进步，不断完善自己，提升自己。大家也可以听完故事后写写自己对故事的理解与领悟，与周边的人分享。

故事一：一个屠夫从集市上买来一头牛，这头牛体格健壮，肚大腰圆。屠夫满怀欣喜地把牛牵回家，提刀准备开宰。这时，牛的眼里已是满含泪水。屠夫知道，牛是通人性的，已经预感到自己的命运了，但屠夫还是举起了刀子。突然，牛的两条前腿跪下了，泪如雨下。屠夫从事屠宰事业已十多年，倒在他刀下的牛不计其数，在临死前掉泪的牛他见得多了，但牛下跪还是第一次见到。屠夫来不及多想就手起刀落，鲜红的血顿时从牛的脖子里汩汩流出。然后，他对牛进行剥皮开膛。当打开牛的腹腔的时候，屠夫一下子惊呆了，手中的刀子咣当落地——在牛的子宫里，静静地躺着一只刚长成形的牛犊。屠夫这才知道，牛为何双腿下跪，它是为自己的孩子苦苦哀求啊！屠夫沉思良久，破例没有把牛拉到市场上去卖，而是把母牛和那个还未出生的牛犊，掩埋在了旷野之中。

同学们，所有的母爱，其实表达起来都是那么简单。没有做作，没有张扬，有的只是极其普通却又撼人心魄的细节。母爱是无私的，母爱是伟大的，父母可以为了你牺牲自己的一切，甚至自己的尊严、生命，为的是要保护你。

故事二：母亲的一句话——理查·派迪的故事。理查·派迪是赛车运动史上赢得奖项最多的选手。他第一次参加赛车就取得了很不错的成绩。他兴高采烈地回家向母亲报喜，冲进家门就喊道："妈妈！有35辆车参加比赛，我旗开得胜，得了第二！"他万万没有想到母亲竟冷静地回答："你输了！"他很不理解地抗议道："妈！难道你不认为我第一次就跑个第二是很好的事吗？要知道很多久经赛场的高手都参加了比赛。"知子莫如母。母亲深知儿子还有很大的潜力，于是严厉地说："理查！你用不着跑在任何人后面！"有时需用表扬出动力，有时也需用鞭策出动力。理查很快领悟了母亲的苦心：母亲是让他拿自己的成绩与前面更高的目标和自己的潜能来比，而不是拿自己的成绩同失败者的成绩来比。从那以后的20年，母亲的这句话鞭策着理查·派迪称霸赛车界。他的许多项纪录至今天还仍然保持着，还没有被后人所打破。每次参赛，他都默念着母亲教诲的那句话——“理查！你用不着跑在任何人后面！”

同学们，你们觉得母爱伟大吗？母亲的一句话让我们体会到母爱，领略了母爱的智慧与温暖；母亲的一句话让我们领略到赢家和输家在进行比较方面的重要区别：赢家拿自己的成绩跟更高目标和自己的潜能来比，输家则拿自己的成绩和落后者的成绩比；母亲的一句话让我们知道方法、目标的选择很重要，也让我们知道人生因奋斗、因目标的准确选择而升华。

在人生道路上，我们有很多不同的选择，每一种选择都伴随着快乐和痛苦。当然，快乐是我们要追求的，但我们却不能忽视痛苦，因为有时痛苦更能激人奋进，只有这样我们的生命才能释放人性的光彩。

谢谢！

爱你们的朋友：黄培杰

校长每日一句

多一点爱，少一点恨。多一点微笑，少一点忧愁。

有包容之心而不应有报复心理

亲爱的同学们：

大家早上好！

同学们，一个人怀有包容之心是自己幸福的根本。在每一天的生活中要充满自信与激情，充满正能量，不应该碰到一点困难就埋怨、抱怨甚至有报复的心理，这对自己的心情、情绪以及身心健康都有极其大的负面影响，尤其更不应该有报复的想法。

报复心理与感恩心理是一样的，都是一种心理防御机制。在感恩心理中，因为你的个人行为使另一个人的利益增加了，在这个前提下如果后者一点也不感恩或者没有想过要主动感恩，使你在利益方面也产生同等增益的话，你很可能会主动要求后者感恩自己。这与报复心理在心理运作机制上是完全一样的。通过报复心理，可以警告他人下次别轻易犯同样的错误。通过感恩心理，可以让受恩惠者记住我们的恩惠，下次当我们碰到困难时，他能帮上忙。

报复心理，指的是一个人在与人交往的过程中，对那些曾经给自己带来伤害或者不愉快的人耿耿于怀，从而故意对他人进行恶意攻击以发泄心中不满的一种病态心理。报复心理其实人人都有，只不过有些人保持理智，控制住了，而有些人却不行。所以，是我们要学会控制、调节自己的报复心理。

报复是人性中的一处心结，每个人都有可能产生报复心理。但大多数人能够通过冷静的分析、理智的思考进行自我控制。不过也有一些人在报复心理的驱使下，做出了本可以避免的悲剧举动。开阔自己的心胸，不用过于计较人际交往的得失，增强自己的心理耐挫力；学会克制自己，少一些冲动言行；学会换位思考，理解对方；学会合理宣泄自己的不良情绪，把报复对方的注意力进行适度的转移；增强自己的法制观念，让自己的言行变得更加理性。

这里有几个消除报复心理的建议送给大家：1. 认识到自己的错误所在，保持克制和忍耐；2. 试着换位思考，从他人的角度来看待自己的所作所为；3. 学会用合理的方式表达自己的不满情绪，获取心理平衡，比如，可以和好朋友说说自己的烦心事，征求他们的意见，谈谈你内心的想法；4. 提醒自己：冲动是魔鬼，报复是愚蠢和无能的做法，因为只有那些内心脆弱无能的人，才会用报复去解决问题，真正能解决和处理好问题的人，都是采用正确合理的方法；5. 宽容和忍让是制止报复的良方，因为善于宽容和忍让的人，不会被世上不平之事所摆弄，即使受了他人的伤害，也决不冤冤相报。宽容和忍让让我们时刻提醒自己：邪恶到我为止。

同学们，我相信一个人只要有善举之心，有包容之心，有感恩之心，有刻苦奋斗追求上进之心，他一定不会轻易有埋怨、抱怨和报复的想法及行为。当然，也要看具体情况，有时不可过度忍让，过度了就成了懦弱和胆怯。实在忍不住了也要寻求合理的解决办法，妥善处理。

谢谢！

爱你们的朋友：黄培杰

校长每日一句

生活本来平淡如水，放一点盐它就会是咸的，放一点糖它就会是甜的，放一点咖啡它就会是苦的，放一点茶它就会是香的，想调成什么味道，全凭你自己。

舒服是与人交往的尺度

亲爱的同学们：

大家早上好！

同学们，昨天我跟大家谈到要学会与人聊天，要善于聊天，简单说，会聊天就是让人听起来舒服。其实，在人与人的交往、聊天、谈话，甚至批评等都能让人舒服这才是本事，这才是水平，这才是你的魅力，我们也要注意到在与人开玩笑也好，调侃也罢，都要恰如其分，让人舒服。当然，让人舒服并不是一味降低自己的底线去迎合别人的需求，而是能够发自内心去顾及他人的情绪、感受、面子等。

曾看过这样一个故事：一位母亲在裁剪衣服时让女儿给自己递下剪刀，女儿没在意随手就将剪刀递了过去，结果刚好用刀尖戳到了母亲。母亲对女儿说："递东西给对方时要想着人家接到手是不是方便，你把刀尖递过去，别人还要小心翼翼地转过来，可能不小心戳到别人也不一定。下次递东西一定要注意替对方想一想，尤其是剪刀这类物品。"同学们，这样的例子，我们在平常的生活中是否也经历过，或看过呢？哪怕是在帮助他人，有时也会导致彼此的不愉快，甚至伤害，这就是一个人的教养与素养。《青春寄语》里说："教养不是轻易地从别处买来，贴在身上的调性，而是你本人的生命里侧，皮肤底层，渗透出来的光彩夺目的情操。"我要说的是：教养、素养是自然的体现，是自觉的展现，有教养有风度必然会给予他人舒服、敬佩的感觉。

谢谢！

爱你们的朋友：黄培杰

校长每日一句

记住别人的好处，学习别人的长处，宽容别人的短处，理解别人的难处。

做一个善于聊天的人

亲爱的同学们：

大家早上好！

同学们，经常我们朋友之间会说：你会不会聊天啊，一下子就把天聊死了。的确，朋友之间，同学之间，人与人之间聊天，尤其善于聊天显得非常重要。聊天要学会观察，要看对象，要看话题，要看气氛，要看对方来及时调整转化，这其实也看一个人有没有幽默感，知识是否丰富，阅历是否深，是否有高的情商。当然，会聊天也不是你一个人滔滔不绝而是恰如其分。

在生活中，与人聊天是我们一项必备技能。良好的交谈可以提高谈话技巧，增强信心。良好的交谈是社交生活中非常重要而且非常受益的一部分。有一些人就很健谈，他们善于和任何人交谈，对于他们而言，与他人交流谈论任何事情都十分轻松、容易，哪怕是陌生人。

会聊天先学会倾听。健谈的人往往都会积极倾听对方的话语。许多人认为倾听是一种理所当然的对话技巧，其实不然，倾听正逐渐成为一种失传的艺术。实际上，我们大多数人往往都非常重视分享自己想法和感受的机会，而忽略倾听他人的表达。人们都是通过交流来建立彼此之间的联系。如果你对加强自己的沟通技巧十分感兴趣，而不是沉浸在自言自语中，那么你就对别人的交谈更加感兴趣。所以，要学会真诚地关注别人说的话。

会聊天要扩宽自己的见识。这无疑也是提到要多看书，要阅读。阅读成为习惯，自然就有阅历，阅历也是一个人一生的财富，往往有阅历的人也会善于聊天，而且不但是聊天，更多的是在讲故事。要成为一个好的对话者，需要广泛阅读各种书籍，以让自己充分了解各种各样的话题，更好的是成为一名终身学习者，让自己持续保持汲取知识。最成功、最有魅力的人是永远不会停止学习脚步的人。他们读了很多很多书，尽管他们已经知道或取得了一些不错的成就，但仍不断地去扩展自己的知识面。当你做到博览群书时，你就可以介绍来自多种不同其他领域的想法和故事，使你的谈话变得非常有趣，从而令人难忘、引人入胜，给人留下深刻的印象。

会聊天要学会调整谈话话题。彼得·德鲁克（Peter Drucker），这位最著名最具影响力的管理学思想家曾经说过："沟通中最重要的事情是听到对方没说的话。"他们可以"读懂所有谈话者的内心"，或者根据从别人那里获得的线索调整话题。要想与人做到良好的交谈，要时刻注意对方不同的身体姿势、手势、面部表情和眼球运动，并及时做出相应的谈话话题的调整。微笑、眼神交流、向对方身体前倾，这些都是你可以用来让谈话者难忘的方法。

会聊天是营造积极活跃氛围，互相讨论，而不是辩论。你可以通过与他人的对话来学习并获得乐趣，而首先要做的应该是寻求对话者双方的理解和交流。

成为一个健谈的人需要一个漫长的过程，这需要时间。尽可能多的练习很重要。努力成为一个更好的倾听者，拓展自己的知识面，营造积极的谈话氛围。随着你信心的增强，你会逐渐觉得与对方谈话的过程十分放松。聊天也是学习，会聊天也是智慧的展示，会聊天也许机遇就在其中。

谢谢！

爱你们的朋友：黄培杰

校长每日一句

简单的事重复做你就是专家。重复的事用心做你就是赢家。

勤俭节约不浪费永不褪色

亲爱的同学们：

大家早上好！

古人曰："勤劳致富，勤俭持家。"这说明勤的重要性，勤是劳动人民的本色，是我们每一个人的底色。没错，无论学习、劳动、锻炼等都需要在勤上下功夫，否则就没有"书山有路勤为径"的美句。

勤劳节俭，是修身的准则，是兴家的妙方。真正的财富不是拥有万贯钱财，而是勤劳的手和上进的心。真正的体面不是衣食住行上的奢华，而是奋斗不浪费和精神上的富有。一个家庭，如果人人都勤奋上进，花钱有度，节约不铺张不浮夸，何愁家不兴旺？奢，败家之兆；懒，人穷之根。勤，摇钱之树；俭，聚宝之盆。所以说："家败，离不得个奢字；人败，离不得个逸字。"

有诗曰："锄禾日当午，汗滴禾下土。谁知盘中餐，粒粒皆辛苦。"这彰显了劳动人民的本色，艰苦奋斗的精神，说明了一切劳动成果来之不易必当要珍惜与节约，不能浪费尤其是粮食。一粥一饭，当思来之不易；半丝半缕，恒念物力维艰。珍惜粮食，拒绝浪费，我们能做到，艰苦奋斗，勤俭节约不浪费永不褪色，永不丢弃。我们切实要培养勤俭节约习惯，提倡浪费可耻、节约为荣。

习近平总书记近日做出重要指示强调，要坚决制止餐饮浪费行为，切实培养节约习惯。并指出，餐饮浪费现象，触目惊心、令人痛心！尽管我国粮食生产连年丰收，对粮食安全还是始终要有危机意识，今年全球新冠肺炎疫情所带来的影响更是给我们敲响了警钟。习近平总书记一直高度重视粮食安全和提倡"厉行节约、反对浪费"的社会风尚，多次强调要制止餐饮浪费行为。2013 年 1 月，他做出重要指示，要求厉行节约、反对浪费。此后，又多次做出重要指示，要求以刚性的制度约束、严格的制度执行、强有力的监督检查、严厉的惩戒机制，切实遏制公款消费中的各种违规违纪违法现象，并针对部分学校存在食物浪费和学生节俭意识缺乏的问题，对切实加强引导和管理，培养学生勤俭节约良好美德等提出明确要求。厉行节约，不铺张浪费，从餐桌做起，积极做到"光盘行动"，杜绝"舌尖上的浪费"。"不论我们国家发展到什么水平，不论人民生活改善到什么地步，艰苦奋斗、勤俭节约的思想永远不能丢。”“成由勤俭败由奢。”“人无俭不立，家无俭不旺，党无俭必败，国无俭必亡。”说的就是这个理。

曾国藩一生勤俭，日常饮食，最多一荤。若非家中来了客人，从不增添一个荤菜。他的穿戴更是简朴，一件青缎马褂，一穿就是三十年。他曾在家信中告诫侄子：“勤字工夫，第一贵早起，第二贵有恒；俭字工夫，第一莫着华丽衣服，第二莫多用仆婢雇工。”他还这样要求长子曾纪泽：每天天未亮就起床，先去洒扫庭院，然后坐下认真练习一千个“俭”字。他曾说：“凡世家子弟，衣食起居无不与寒士相同，则庶可以成大器。若沾染富贵气息，则难望有成。”为了让子孙勤奋上进，曾国藩还不留钱财给子孙。他认为：“仕宦之家，不蓄积银钱，使子弟自觉一无可恃，一日不勤，则将有饥寒之患，则子弟渐渐勤劳，知谋所以自立也矣。”

过去我们国家老一辈革命家靠艰苦奋斗、勤俭节约不断成就伟业，现在我们仍然要提倡艰苦奋斗、勤俭节约，珍惜现在，努力向未来。“勤俭是个传家宝，千日打柴不能一日烧”的艰苦奋斗、勤俭节约精神，要始终激励着我们顽强进取、百折不挠，走向成功，走向美好未来。

勤俭是修身之道，持家、治国之本。我们今天的幸福生活来之不易，我们定将珍惜，同学们，大家一起来回顾我们从懂事的那一天起，到每一餐的就餐，看看我们是不是做到了不浪费粮食。我相信大家一定能做到刻苦努力，不铺张浪费，让我们一起做到每一餐“光盘不浪费”，让我们节约从“舌尖”做起，让传统美德陪伴你我他。

谢谢！

爱你们的朋友：黄培杰

校长每日一句

学业之诚，敬业之诚，心灵之诚，当必有成。

简单而唯美

亲爱的同学们：

大家早上好!

我一直追求简单，踏实学习，开心工作与生活，追求幸福一辈子。无论学习也好，工作也罢，不要把其当作任务与压力，而是看成一种享受、一次历练、一次成长而开心接纳。想法简单必定生活唯美与幸福。每个人的人生会收到不同的底牌，别只因为得不到花朵的妩媚动人而郁郁寡欢，拥有绿叶，就要为绿叶的勃勃生机而欣然。即使过着平凡而普通的日子，也要让自己发光，属于自己的路，请一定要珍惜！生命的历程，浸润着年华的色泽，在风雨的打磨下，所有的华丽和绚烂，最终将归于平淡简单而美好。

其实一个人的人生只有三天，那就是昨天、今天、明天，所以我们都应该懂得珍惜每一天，不应该浪费挥霍。昨天就是过去，今天就是现在，明天就是未来。再美好的过去，都会成为历史，再差的现在，也需要去珍惜，再远的未来，也必须去努力。能把昨天彻底放下，能把今天好好珍惜，能为明天奋斗努力，不随波逐流，不怨天尤人，更不虚度光阴。这就是聪明之人，也必定是简单幸福之人。而我们更应该做到：把不好全留在昨天，把希望都留给明天，把努力都用在今天。努力今天，忘记昨天，拥抱未来，不眷恋，不烦恼，不畏惧，这样才能遇见更多的美好，遇见简单的自己、最美的自己。昨天在流逝，明天还要继续，珍惜当下，才是最美好的，唯有经历，才能懂得。

古人说“人无远虑，必有近忧”，不论做人还是做事，眼光要长远，要有预见性。刘备求贤若渴，三顾诸葛亮于草庐之中，二人进行了一番对话，这也就是有名的“隆中对”。在与刘备的对话中，诸葛亮分析了天下形势，给刘备指出了一条“信义著于四海，总揽英雄，思贤如渴”之路。“隆中对”的故事还衍生出了一个歇后语：诸葛亮隆中对策——有先见之明。我们在珍惜每一天的同时，在每一天的成长过程中，要有先见之明，有了先见之明当然凡事就简单了。有先见之明的人有格局有远见，每天的生活都是限量版，生命需要的是未雨绸缪而不是亡羊补牢。除了有先见之明还要具有自知之明，人贵有自知之明，世界上没有全能型的人才，每个人都有长处与短处。一个人要有自知之明，只有认清自己，摆正自己的位置，一切关系与事情就会变得简单明了，这也一定会成功。

亲爱的同学们，我们在每一天的生活、学习中都懂得昨天、今天与明天的宝贵及意义，懂得珍惜，具有先见之明与自知之明的品格，一切就会变得多么的简单与唯美，我希望你们拥有的“三趣”——生活有乐趣，学习有兴趣，人生有志趣，也是在平常中简单自然而拥有，这样我们才能幸福一辈子。

谢谢!

爱你们的朋友：黄培杰

校长每日一句

收拾起心情，继续走吧，错过花，你将收获雨，错过雨，你会遇到彩虹。

换位思考，将心比心

亲爱的同学们：

大家早上好！

同学们，我们需要别人懂我们，需要别人能理解我们，需要别人尊重我们。没错，人人都需要他人的了解，所以人与人之间我们都要多一点理解他人，在需要其他人理解你、懂你之前你要先懂得他人，理解他人，尊重他人，换位思考，将心比心。人与人之间互相懂得对方，自然相处和谐，相处舒服，相处舒服自然就能懂得彼此，换位思考，将心比心。

“独立思考”的前提是要有健康的“世界观”。对这个世界要多点博爱，少点仇恨。如对于疫情，没有哪个国家是一座孤岛，其他国家受伤一定会影响到自己。越开放越强大。物理上可以暂时隔离，但精神上一定要面向世界。独立思考更要严于律己、宽以待人。

曾听过这样一个故事。故事的主人公在一次点外卖之后接到好几个电话，接通之后对方不说话就直接挂断，他以为是有人恶作剧便大发脾气。结果在清理手机信息的时候看到一条消息，提醒他外卖放在前台。原来，外卖小哥是一名聋哑人，由于沟通不便，所以每次都会在送餐时提前发短信告知。事后，他为自己没有耐心而十分自责，并在网上呼吁大家如果遇到这种情况，最好检查一下有没有被忽略的短信，不要急着给差评，以免伤害到这些努力工作的特殊人群。《论语》说道：“己所不欲，勿施于人。”自己不愿承受的事，也不要强加给别人。人与人之间，永远是相互的。所以，相处，要懂得换位思考，站在别人的角度去看，去思考，不要急着下结论，冲他人发脾气、责问，这样你就能发现自己的不足；交往，要学会将心比心，试着理解别人的辛苦，理解他人的不容易，你就能对他人多一份体谅。

换位思考，凡事多替别人着想，这也是一个人的修养所在。曾看过一个故事：一个农夫请一个盲人朋友到家里吃饭，吃过饭时天已黑，盲人朋友一定要回家。农夫没办法，拿给他一盏灯笼，盲人朋友很生气地说：“你明知道我看不见，却给我一盏灯笼，你这是在嘲笑我吗?”农夫解释道：“虽然你看不见，但是别人可以。你提着灯笼，这样就能避免别人撞到你。这不是嘲笑你，而是在乎你。”盲人朋友听后十分感动。宽容来自理解，理解来自换位思考。“责人之心责己，恕己之心恕人。”

爱一个人要落到实处，不要流于虚无。我之前跟大家提到的回到学校后必须做好的几件事及要遵守各种规章制度，其实也就是希望大家实实在在地学会爱自己，更要爱护他人。只有爱你身边一个个真实的人，才有可能最后去爱这个集体。疫情期间，你帮妈妈洗碗，帮忙做饭、择菜，自己洗衣服，为她减轻一点负担，这就是爱。当有小弟弟、小妹妹在向你提问时，你耐心帮忙解答，这就是爱。如果你连帮助妈妈的心都没有，连最亲的人都不知道怎样去爱，那么热爱祖国、热爱人民就是一种口号，一种虚无和喊着口号的“爱”。你现在要做的事情，就是努力学习，从爱自己、爱护他人出发。

真诚就是要真，喜怒哀乐，都是大家最真诚的表达。真，对这个社会来说太重要了。真，也包含了敢于认错。学会认错是一种能力，学会认错就要学会接受批评。小时候听到的都是赞美、表扬、鼓励、鲜花、掌声，长大之后，你要明白很多时候批评可能是一种更大的善意。别习惯了赞美，别人说几句大实话就怒不可遏……只有承认自己犯错的人，才不会重复犯错，才不会犯大错。只有承认自己犯错的人，才会得到他人的原谅。亲爱的孩子们请记住：强者会主动认错，因为他控制着局势。弱者只会嘴硬，因为他不知道后果如何。

同学们，有这样的一句话：你永远不可能真的了解一个人，除非你穿上他的鞋子走来走去，站在他的角度考虑问题。但如果只站在自己的位置看别人，看到的可能永远都是不好的一面。与人相处，要懂得换位思考。尊重别人就是尊重自己，也是自己修养的彰显。一切的好运都是来自一个人日积月累的人品与善良，包容与感恩。同学们，凡事学会将心比心，才能得到人心，换位思考才能得到他人的尊重与理解。

谢谢！

爱你们的朋友：黄培杰

校长每日一句

这世上有两样东西是别人抢不走的：一是藏在心中的梦想，二是读进大脑的书。

感念师恩　学生们说

尊敬的黄校长：

您好！

我们是2018级6班的同学。回首一个学期的光阴，2020年注定是不平凡的一年。新冠肺炎疫情给全中国、全世界都带来了巨大的挑战，我们的学习、生活也受到了影响。但，好在有您！在这不平凡的一个学期里，您给了我们很多力量和感动！

不知不觉，我们在学校这个大家庭里面已经生活了两年。当初，憧憬着美好希望进入校门的我们，已经长大了！从一个有点懵懂羞涩的少年变成了一位有自信、有远大抱负的中学生。在我们成长的必经之路上，您是一位十分重要的朋友！无数次在我们陷入困境或面临巨大挑战时，及时出现在我们身边，与我们手牵手，肩并肩，一起面对成长道路上的各种问题，最终引领我们走向属于自己的道路！

更让我们惊喜的是，这个学期您亲自来到6班给我们上课。您就像一位魔术师一样，让枯燥的数学知识变得生动有趣，让令人生畏的数学难题突然变得简单易懂。您幽默风趣、深入浅出，让6班的数学课绽放出别样的光彩！

除此之外，您润物无声，经常对我们进行品德和学习动力方面的教育。您是一位有着丰富教学经验的校长，在您的教育教学生涯中涌现出了大批优秀的学生，这些学生都是您教育教学的结晶。数学课上，您经常用这些学生的学习经历激励我们，给我们的学习鼓劲加油！

不仅如此，我们知道您非常忙，但为了坚持给我们上课，您不惜推掉一些会议，早晨第一节课就早早出现在教室里。这样的您犹如清晨的一道曙光，带给我们光明和希望！作为6班的学生，我觉得十分的幸运，在初中生涯能得到校长亲自授课的机会！

为了更好地激励我们，您坚持每天给我们写金句，那充满智慧的句子给我们的成长增添了动力；为了更好地陪伴我们，您坚持每天给我们写寄语，那一篇篇亲切动人的寄语温暖了我们的心灵；为了锻炼我们的数学思维，您坚持每天给我们出一道数学题，那一道道数学题激活了我们学习数学的热情。这金句、寄语和数学题，透露着您对我们的期待，承载着您对我们的关爱，也点亮了我们的学习生活！

傍晚的校园里起风了！风将唯美的晚霞吹向了学堂，这灿烂的光辉照耀着每一位学子，只因为一切有您的指导！黄校长，感谢您所付出的一切！坚信在您的指引之下，我们定会实现属于自己的梦，走出属于自己的道路！

不负韶华，扬帆远航！

感恩有您！

此致

敬礼！

2018级6班全体同学

敬爱的黄校长：

您好！

首先，我要感谢您在我们入学一年以来对我们的关心与陪伴。记得您在疫情之前，几乎每天都会早早地来学校陪我们早练，并跟我们讲校长“每日一句”；疫情期间，您也在百忙之中抽空每天给我们写“每日寄语”。您每天坚持的这种毅力和精神令我十分地钦佩，这也给我们树立了一个很好的学习榜样。

您在寄语里讲过的许多话都让我受益颇深，如：“很多人拼到最后，拼的不是运气和聪明，而是毅力。而这也要善于积累，善于打好基础，夯实基础。”“世间最容易的事是坚持，最难的事也是坚持。说它容易，是因为只要愿意做，人人能做到；说它难，是因为真正能做到的，终究只是少数人。成功在于坚持！”这两句话让我真正明白了做事不可以半途而废，坚持、恒心和毅力到底是有多重要。再比如：“学校的美那是同学们爱读书装扮而成的。”“抛开个人的成就，爱读书的人知得失，懂进退，有温度，有情趣，哪怕一生平凡，他们也活出自己的精彩，知足而幸福。”这两句话让我明白了读书的重要性和意义，读书其实并不仅是为了在学校里拿到好成绩，也不仅是为了不让父母失望，而更重要的是为了活出自己的人生，活出自己的价值。我觉得读书就像是在攀一座高峰，你在每本书中汲取到的营养就是爬山时的每一步，当你读的书日积月累越来越多的时候，就能达到一个质的蜕变，对人生的感触也会有不一样的理解和体会，宛如登上顶峰，可以“一览众山小”，见识到远处更靓丽的风景。

您犹如我成长路上的一盏明灯，指引着我前行。在您的寄语中，我感悟到了许多道理，认识并领会到了在人生的道路上要目标明确，不断地努力，多读好书，独立思考，正所谓“学而不思则罔，思而不学则殆”。

您的谆谆教诲我将永远铭记在心中！

寄情于信，感恩有您！

此致

敬礼！

2018 级罗敏睿

敬爱的黄校长：

您好！

夏后的一切都是那么湿润，所以夜深时总是不禁陷入沉思，您是什么样的一个人呢？是北岛的诗，顾城的字，也像李宗盛的词，直击心灵。于是拿出了从前的寄语，拾一盏微弱的灯火，窗前的月光洒落，落到纸上，照出了一幅幅真理的画卷。拿到手上，细细品读，发现画卷背后是更广阔的世界，发现每一处都是那么迷人。晚风吹过，想起海明威曾经说过："写作其实没有技巧，不过是在打字机前流血罢了。"是啊，写作的真正技巧是没有的，不过是经历的事多了，见识的人多了，每篇文章都是在用心血创作，所以才越加感慨，十三万字如同海上的冰山，经过漫长的时光所形成，可是冰山在海里移动时之所以很威严壮观，更重要的不正是因为它只有八分之一露出水面吗？这十三万字想告诉我们的远远不止表面的道理，更有藏于冰山之下的那八分之七的哲理。其实我是一位诗歌爱好者，因为自己的爱好而去坚持心中的信仰，而这，也正是您每日寄语给我的深刻感受，所以从某一刻开始，我也开始去珍惜那些从指尖流过的时间，找到了人生道路继续奔跑的意义和目标，感谢您，有每天都不曾放弃的悉心教导，有那颗为我们每位学生好的真心，更有太多千言万语都无法形容的对我的帮助。还记得那个初秋开学季，早上六点半的光，也比夕阳更迷人，每每想起"三管四品质"，也不禁感叹又过了一年，这一年不是单纯的十二个月，对每一个人来说都不是简单的一年，世界的人太多，可身为您的一位学生，我想可能这一年代表的是三百多封每日寄语，是那初晨六点半的独特阳光，还有那总是在耳旁响起的"三趣六目标"。

说了那么多，最初的问题，答案还在更多的信里，您就是您，时而儒雅写诗，时而严肃讲话，时而与我们打成一片，这不就是真正意义上的一位"校长爸爸"吗？

祝您万事顺心！

2019 级郑哲尹

尊敬的黄培杰校长，您好！今天，读完您的寄语，我颇有感触，我也很期待回到学校！随着高三、初三的哥哥姐姐们开学返校的日子临近，我也开始越来越期待开学了，期待见到朋友！见到老师！见到同学！但是在兴奋之余我们还要确保一切安全的应对措施，确保以最快速度适应返校的一切正常学习生活，并且保证按照要求去做好。

学生：陈玉琳

尊敬的黄培杰校长，已经三个多月没有见到那个熟悉的校园、亲爱的校长、老师和同学们了。现在终于迎来了返校的倒计时。很快我们就可以在那飘满樱花香的校园相见。亲爱的黄校长，我们一定不负您的期望。在这个特殊的时期，您每天都给我们写信，在信里您给我们鼓励，教我们道理，我们一定不负众望。期待回校。

学生：黄晓彤

“爱”不只是某种定义，也不是一种特定的道理，更不是一句虚无的口号，正如黄校长所说，爱更应该付出行动。

而“真诚”在于真，不要老去想一些虚无的东西。我们都活在真实的世界里，在这个世界里，我们要真诚相待，只有不敢面对现实的人才会去逃避现实。

没有一个人是完美无缺的，我们必须面对和接纳那个不完美却完整的自己，也唯有不懈地努力才能让自己变得更好。不仅如此，我们还需要虚心接受每一个批评的声音，批评你的人不是觉得你不好，只是想以这种方式来让你变得更好，所以说我们不应去抱怨父母、老师……甚至是生活！

青春期的我们都渴望独立，渴望放飞。学会了如何去“爱”，如何做到“真诚”，那你就离独立更近了，不断趋近优秀的我们也会逐步趋近完全独立，所以让我们一起努力吧！

学生：黄嘉仪

我们每天都在进步、蜕变。我总觉人的一生就像蝴蝶那样，不断犯错的“作茧自缚”，又不断地破茧重生。

新冠疫情，打个比方就像是大自然对我们的惩罚，因为我们没有遵守它所设定的规则。这里又提到了遵守，如果我们遵守了自然的规则，这场疫情又从何而出？很多事情我们明知对错的，可是它带来的便利又让人心动不已。但每个规则都有着自己的意义。

同时特别感动，感谢黄校长在疫情期间为我们的付出以及给我们的陪伴，十几万字的寄语温暖人心，我也从中找到许多的写作素材。期待每一个明天，期待每一个美好日子的到来。

那特殊的上课铃声每一刻都在我脑海环绕，早读的琅琅书声、黄校长亲切的身影……校园的每一处都让我怀念、心存期待，等待明天的校长寄语。

学生：李钧玉

今天，亲爱的黄校长给我们写了一段长长的极有意义的寄语，让我受益匪浅，我来分享一下我的感想：古时候人们就已经开始做出很多让自己更加方便的工具，而到了如今科技发达、人才辈出的现代更是如此，琳琅满目的电子产品和人工智能，不断地被发明出来。它们极大地改变了人们的生活，让我们的生活更加方便，他们打破了人际交往的时空限制，也让我们的沟通变得更加方便快捷……

可是每个事物往往具有两面性，人工智能和电子产品也一样。在我们享受沟通和生活中便利的时候，它却悄悄给了我们一些伤害：很多年轻人变得早熟，近视开始变得低龄化，很多人贪图电子产品的方便，而不去干一些力所能及的事情，变得更加懒散……由此可见，人工智能和电子产品是把双刃剑。

作为年轻一代的我们应该正确地使用它，甚至呼吁身边的人去正确地使用它。现在越来越多的年轻人，因为手机电子产品的方便而不愿意出去社交，甚至利用电子软件来帮我们做作业。这不但对社交能力的培养具有极大伤害，而且对学习的习惯的养成和思考也不好。我们应该正确使用它来查阅资料，而并非沉迷。

电子产品虽然实现了让我们生活更加方便的目的，但同时也产生了很多的负面问题。在这个复杂的社会有许多我们无法分辨好坏的东西，在我们弄懂那些道理之前，能做到的就是不要经常随意相信一些网络上的东西。黄校长对我们的良苦用心着实伟大，我们也应该好好体会黄校长的用心，控制好对电子产品的使用！

学生：郑彤琅

阅读黄校长今天给我们的寄语，跟随着他的笔迹我将文章读完。像往常一样，黄校长亲切地向我们问好，用他独有的笔锋为我们介绍了世界读书日的由来，书对人类生活的改变，以及用上在方舱医院中刻苦学习的高三学生榜样事例和冯骥才先生“读书是一生的日常”来给我们列举说明读书的重要性。读书是一件幸福的事，书中的知识是你一生的财富。

学生：黄俊熙

您给我们的寄语，让我深思：我们在线上学习期间，在家里要如何学习？在家如何自律？您的寄语，让我明白，在家也不应该偷懒。我们应该珍惜这一段线上学习的时光。因为这段时间，恰恰给我们留下了许多空余时间可以关注新闻，学习更多的课外知识，开阔我们的眼界。

而且，黄校长您告诉我们，我们应认真对待网课，对待老师布置的课后练习，也要端正自己在家的学习态度。谢谢您，是您让我充分反省我最近的学习状态。

学生：徐特朗

黄校长五四青年节的寄语让我思考：青春年少稍纵即逝，何不握住芳华拼搏。国之栋梁，为之奋斗，乃吾辈楷模。以责任为刀，以国为血，奋斗出一条路来。所谓少年不过在年少轻狂时收心敛性，为国拼搏奉献。国家富强名族振兴乃在少年，生活中奋斗，奋斗中成长，莫待费了光阴，白了少年头方才悔恨。

学生：郭沛言

今天的校长寄语令我十分印象深刻，正如黄校长所说，我们的生命只能靠你自己去赋予和感知，体验与思考会让生命更有意义，更光鲜亮丽。黄校长也提到了奋斗，的确，我们现在正是十几岁的年华，未来的路还有很长要走，未来的路可能存在坎坷，但我们少不了奋斗！如果不奋斗，人生将充满遗憾，总之，奋斗让青春更有意义，让生命也更有意义，唯有努力奋斗才不枉青春一场！我们也依然要热爱生活，学习更多东西，让生命变得没有那么枯燥无味，这样才能活出青春！

学生：罗慧莹

共育共进 家长来信

明德启智，笃行致远

怎样教育孩子，怎样陪伴孩子，这两个问题一直困扰着我们每个家长。

孩子初入学校，时间虽然不久，但作为家长却是感触良深。

在我们对教育孩子一筹莫展之时，我看到了黄培杰校长的“校长每日寄语”，我认真学习，认真研读，从中学习教育孩子的方法。

黄校长的“每日寄语”，说到了我们的心底。每一个孩子都是独一无二的，如何让他们成为更好的自己。孩子的成长，要时刻保持对知识的渴望，对规律的尊重，对生活的热爱，对世界的感动，还有对未来的期望。

孩子的成长离不开老师和家长的共同培养和教育，所以家校共育永远是主题。

2020 年是不平凡的一年。因为疫情，全国人民宅家抗疫，为祖国做贡献。宅家的阶段，家长们真的不知道怎么做，这时黄校长发了“每日寄语”“给师生们的信”“防疫三字经”等，就像黑暗中的指路明灯一样，给我们指出了方向，引领我们前行！

我们带领孩子学习黄校长的“防疫三字经”，并按照“防疫三字经”中的要求去做，耐心细致地给孩子讲解其中的内容。

首先不信谣不传谣，培养孩子独立思考、独立思维的能力；告诉孩子在家如何防疫，“宅家中、做家务、煮美食、练手艺、孝长辈、享亲情、若停课、学不停、线上课、持阅读”，“以劳育美、以美养德、以德启智”。

孩子在家积极上课学习，认真学好学校开设的全部课程，同时还学会了做“四菜一汤”，懂得了“四菜一汤”的意义，是要勤俭，不要铺张浪费。使孩子们更加懂得了以劳育美、以美养德、以德启智、不铺张浪费、勤俭节约为荣的道理。

宅在家里的抗疫学习时间里，除了学习学校的网课外，孩子还自学英语、美术、唱歌、跳舞、弹钢琴、做运动，强身健体。

通过全面的培养和学习，孩子能够养成良好的学习习惯，开发智商、情商和财商，培养克服困难的意志，培养锻炼超越自我的能力。

崇德瀹智，这不仅仅是写在墙上的校训，更是校长和老师们骨子里的坚守，与我们这些家长也有着灵魂深处的共鸣。无论是我还是孩子，都忍不住想说：原来学校里不仅有横竖撇捺，还有日月星河。

在校长“每日寄语”中，黄校长给孩子们制定了学习目标，“学习不单是学习文化知识，掌握本领，更是养成一种习惯，团队合作的态度，善于挑战的能力品质”。

学校举办了“礼仪之始从正衣冠开始”“学习要有仪式感”“从拥有最美书桌开始”，竞赛评比活动，在活动中学生体验到了学习的内涵、学习的意义，学生们享受了学习的快乐。黄校长还告诉孩子们要认真专注听讲，要有毅力，克服困难。告诉孩子们多读书，学会阅读，积累自己的文化底蕴和修养，你读过的书就是你心中的世界，读书的意义不在于我们看了什么，而在于它使我们变成更好的自己。腹有诗书气自华!

黄校长告诉孩子们，“疫情当前，我等不怕，虽无为国分忧之力，但存忠贞报国之志，丰我羽翼为己任，学英雄之勇，习大家之智，寄家国情怀于书中，存智慧学识于笔尖，此时志更坚，心更强，智更富”。告诉孩子们要用心、勤奋、自觉、自律地学习。冬天已过，春天已到，让我们怀着一颗感恩之心、致敬之心、敬畏之心，不负韶华，修好戈矛，学好本领，成就未来，贡献祖国!

与学校之情源于“校长爸爸”。每天早晨都有一个熟悉的身影，站在校门口接孩子们上学，这个人就是黄培杰校长，也是孩子们口中的“校长爸爸”。回想孩子刚入学的时候，就是在校长爸爸温暖的笑容下，快速打破了初入学校的紧张和疏离。校长爸爸无处不在，他既会出现在校门口，帮孩子们弹衣擦灰，擦掉嘴角上吃完早餐来不及擦掉的饭粒；也会出现在操场上，和孩子们摇绳踢球；他还会清晨6点钟出现在校园茵茵草地上，陪孩子们晨读；他还会坚持出现在微信里，特别是疫情期间，校长爸爸的N封信、“校长每日寄语”，承载了沉甸甸的爱与关怀。

孩子在校长、老师的精心培养教育下，得到了全面的发展，被评为校“十佳崇德学子”、学习之星、艺术之星、三好学生、优秀学生干部等，孩子快乐自信地畅游在学校的海洋里。

与学校之缘，始于“家校共育”。一方面，通过学校组织的家长课堂，让我们更加了解学校的培养理念，深化教育共识，也认清了自己的思维误区，转变培养方式，配合学校充分发挥好家庭、学校的合力作用，共同把孩子培育好。另一方面，学校也为孩子们提供了创造无限可能的舞台。不仅仅是书本上的知识，各种形式多样、内涵丰富的体验式教学、比赛、活动，内容充实丰富。让孩子们在以劳育美、以美养德、以德启智的熏陶下认真学习，快乐成长。

相信在校的这段经历，将会是孩子成长路上最宝贵的精神财富之一。情起缘深，我和孩子，庆幸也更加愿意，与学校一起，相伴美好。

家长：李秀玲

智慧同行，乘风破浪

光阴似箭，转眼间儿子即将升入初中二年级了，回顾儿子这一年来的成绩和点滴进步，有儿子的坚持努力，也有父母的谆谆教诲，更是校长、教师们的循循教导和学校的辛勤培育一路支持着孩子奋勇向前！

学校的办学理念、管理制度和措施以及校长爸爸的“每日寄语”等，都深深打动了我，我想每一位家长都深有同感。特别是黄培杰校长对学生的温暖教诲中的“每日寄语”，真的让我很震撼。因为我们家长明白，初一是孩子一个重要转型期，无论生理还是心理，他们渴望成熟，追求个性张扬，彰显表现欲，有叛逆精神，但他们在生活中自理能力不强，现实缺少最基本的是非判断能力和鉴别能力。因此，如何教育孩子，成为初中生家长最困惑和迷茫的事。在疫情下的假期和上学期间，黄培杰校长给全体师生和家长来了一场“每日寄语”“给师生们的信”“防疫三字经”等知识盛宴，犹如旖旎的春风，浩荡飘拂；更是雪中送炭，为家长和学生指点迷津，令家长和孩子都受益匪浅。

一、建立仪式感，注重“养成”教育

俗话说：“习惯成自然。”一个好的习惯会让孩子在学习和生活中受益终身；一个坏的习惯，会徒增许多弯路和挫折。记得黄校长在 3 月 15—16 日的每日寄语中谈及仪式感：生活、学习的仪式感从拥有“最美的书桌”开始，让自己有最佳的状态、最美的行为开始每一天的学习生活。我和孩子仔细品读，酝酿校长爸爸的用心良苦。在疫情中，假期里，孩子在校长爸爸的“每日寄语”的教育和熏陶下，坚持每日打卡一份晨读的声音，拍一个厨房里忙碌的身影，晒上自己烹饪的美食，捕捉一个最美的笑颜，定格一方整齐的书桌……在三八妇女节，孩子为妈妈送上一束鲜花，煮上妈妈爱吃的可口饭菜，订上爱心蛋糕。这所有的一切，我们都在努力，不为姿态本身，为的是塑成一种美好的生活方式，延续一种美好的习惯，定格一种素质和品质！感谢校长爸爸，让我们的生活充满仪式感；让孩子对生活充满深深的热爱之情；让孩子养成良好的习惯，带来收获与希望、快乐与成长。

二、培养自强自立，提升综合素质

记得在疫情期间，校长爸爸的“宅家中、做家务、煮美食、练手艺、孝长辈、享亲情、若停课、学不停、线上课、持阅读”，“以劳育美、以美养德、以德启智”的循循善诱教育着孩子自主自强，孩子积极参加“四菜一汤”“礼仪之始从正衣冠开始”“学习要有仪式感”“从拥有最美书桌开始”等竞赛评比活动，学校举行丰富多彩的活动，不但提高了孩子的综合素质，而且培养了他的毅力和提高孩子的兴趣。孩子学习学校网课外，还学习外教课、弹钢琴、学小提琴、做运动，强身健体，翱翔书海。这样一来，孩子有了一种当家做主的自豪感，孩子的自主性、独立性和责任感得到不断培养。是校长爸爸的“每日寄语”中的“学习不单是学习文化知识，掌握本领，更是养成一种习惯，团队合作的态度，善于挑战的能力品质”的循循教导，让孩子给自己制定了学习目标，通过全面的培养和学习，提升综合素质，是校长爸爸的教诲让孩子获得了快乐和幸福，懂得了人生的价值！

三、尊重相信孩子，改变教育方式

在黄校长的寄语中，我感悟颇深，其中让我佩服至深的是：校长爸爸每次寄语落款都是写着：“爱你们的朋友：黄培杰”。这让我反思自己的教育方式，我以前没有把孩子当朋友的想法，总是以一种家长教育孩子的态度和他相处，没想过校长还会与学生以朋友的身份进行学习交流，家长和孩子还能以朋友的身份说话，校长爸爸的每日寄语让我改变了不少的想法。这让我真正领悟到教育孩子时，先要尊重孩子，作为孩子的家长，不光只是他的家长，更重要的是要成为他的好朋友。要肯定孩子的长处，对孩子的进步给予及时的表扬和鼓励，在此基础上再指出孩子的过错或不足，这样孩子就容易接受大人的意见，否则，一味地数落、责怪孩子，只会产生逆反心理。在教育孩子的同时，深刻体会到作为父母还要不断地学习，提高自身素质，为孩子创造良好的学习生活环境，让我们的下代，勤奋而善良，乐观而勇于开创，希望他有完美的人生，成为一个幸福而快乐的人。我觉得黄校长的教育方法很好，生动形象又温暖有爱，孩子学习后最大的收获是自主学习，自信坚强有担当。

四、关注孩子学习，增强自信心

说到学习，那应该是我们家长最为关注的，如果说孩子在学校的学习是他们学习生活的主要组成部分，那么在家里的学习是对孩子学习的必不可少的补充。是黄校长的教育勉励支撑着孩子勤奋努力、科学规划、认真学习。在疫情期间，黄校长的谆谆教导中多次谈及如何学习、学习的好处等，在 8 月 4 日的寄语中，黄校长与大家探讨的主题是：追求学习的乐趣。我和孩子都沉醉于校长爸爸的“每日寄语”中，并付诸行动。其中有与孩子分享学习妙方，引导孩子合理安排时间和精力，养成良好的学习习惯；通过自身的事例让孩子养成科学的作息守时、专注的读书听课、积极的勤学好问、独立钻研问题、自我验收的习惯以及学会科学的学习方法等。黄校长更在初一年级强调五个环节：①预习；②听课；③笔记；④复习；⑤作业。教导及训练孩子重视观察能力、意义记忆、抽象思维等。因此孩子爱上了思维导图，我更鼓励孩子学会独立地对学习材料进行综合、判断、推理，发展思维能力，加强意志锻炼。

我们家长要使孩子在不断进步、不断成功的喜悦中增强信心。总之，学习不可能一蹴而就，也不可能一劳永逸。孩子的学习是一辈子的事，家庭教育也是，黄校长的教导可以说是抛砖引玉，引导我们家长如何更好地掌握教育方式方法来辅助学校一起教育帮助孩子学习成长。是校长爸爸的力量让我们家校形成合力，共同实现孩子全面健康地成长。

学校是孩子成长教育极其重要的平台，家庭是孩子成长发展的坚实后盾，社会是孩子成长的大熔炉，老师是孩子成长的教育者和培育者，父母是孩子成长的启蒙者和引导者，都对于孩子的成长起着至关重要的作用，只有将家庭、学校、社会三者融为一体，才能更好地培养孩子，促其全面发展，成为有用之才。

黄校长的温暖教诲，已在我和孩子心中播下美好的种子，让我们在生活中润物无声地践行；这也是黄校长留给我们最珍贵的人生财富，是孩子和我不断成长和成熟的神奇能量。今天我们捧出一缕阳光，明天我们收获一片灿烂；今天我们播种一种习惯，明天我们收获的不仅仅是成长，更有辉煌和每个人脸上的笑容！为了孩子，让我们乘风破浪，携手并肩，共同努力！

家长：阮卓燕

桃李满天下，芬芳自有时

尊敬的黄培杰校长：

您好！

作为一名学生家长，在此怀着感恩、激动、确幸的心给您写下这一封信，孩子进校一年多以来，您对孩子的教育和启发让孩子觉得您是那么独特的一位校长：时而儒雅写诗，时而严肃讲话，时而与他们打成一片，这是孩子心里真正意义上的校长；而对于家长来说，又何尝不是那一位独特而优秀的校长呢！

孩子入校一年，发生了犹如脱胎换骨般的变化，从原来的散漫到现在的自律，从原来的内向到现在的阳光，从原来的信心不足到现在的自信满满，这一切都源于您的金句，源于您锲而不舍的每日一信、每日一题，源于您在操场上陪着他们早炼，源于您在饭堂里陪着他们用餐。您的草根、落地的教育方法慢慢在孩子的心里生根发芽，看着孩子一天比一天更健康，一天比一天更快乐，一天比一天更上进，作为家长，没有比这更幸福喜悦的事了。而作为一名学生家长，这一年在您的潜移默化下学习到很多育儿的观念，感悟到父母与孩子之间良好关系的培养，放下对孩子苛刻的要求和期待，反之用心用爱去和他一起成长等等，心里庆幸孩子遇上这么一位好校长，被孩子亲切叫为“校长爸爸”的校长。

自疫情以来，您坚持给孩子写“每日寄语”，说心里话，我很想向您请教您是如何做到这般坚持的。“每日寄语”不仅对孩子有着积极正面的教育作用，对于家长来说一样获益良多，因为它的内容丰富多彩，知识面宽广，上至天文地理，下至风情习俗，知识交错纵横，博古通今，实在让人赞叹！就拿其中一封信来说吧，2020 年 4 月 22 日一封关于地球日的信：从地球日的兴起、推广、形成的概念描述，到疫情的敲响警钟，从而提出让学生保护生命安全、保护地球安全，再向学生提出环保意识，向学生普及环保的知识，最后引导学生思考日常学习生活中如何做到环保。这样高质量的一封信不知让学生和家长从中学习到多少知识，引发多少思考。借着疫情时期普及地球日，其时效性、及时性、意义性都有不一般的意义，引发学生和家长对生命的重新思考，对环境、地球的重新认识，这在孩子的成长路上是必要且必须明白的一些事情，而课堂上的教学未必刚刚好在这样的时机能把这些东西贯穿在一起，但作为校长的您能因为您的认真执着教学，让全校师生、家长共同参与到“每日寄语”的这一份学习当中。

最后，最想向您传达的还是对您的感恩之心！您支持素质教育，而不一味追求成绩；您支持孩子生命成长的个体独特性，而不一味追求成绩；您支持家校一体共同教育好孩子，而不一味追求成绩；您支持孩子发挥自己的特长，而不是一味追求成绩。这样的校长得之，学生幸！

十年树木百年树人，最后祝福黄校长桃李满天下，芬芳自有时！

家长：温东霞

2018 年，黄培杰校长和学校开办后的第一批小学生合影，照片刊登在《孩子》杂志

黄培杰校长和小学生们在学校智慧图书馆一起分享阅读心得

黄培杰校长给二年级的孩子们上一节活泼生动的思政课

黄培杰校长接受学校四年级小主持人采访，谈谈自己的教育理念，并对小朋友们提出期许和希望

在“新时代小先锋，执信娃无限爱——2020 年广东红领巾基金募集活动”里，黄培杰校长在小朋友积极的推销中购买了一幅学生亲手制作的刺绣作品

在学校首届初三毕业生体育与健康初中学业水平考试的赛场上，黄培杰校长给学生们加油鼓气

2021年植树节，黄培杰校长赠予首届初三学生“金榜题名”腕带和“英雄”钢笔，将美好祝福凝聚其中，传递到每一位同学手中

二年级小朋友给“校长爸爸”黄培杰送上父亲节贺卡

黄培杰校长和初一、小一新生代表“大手牵小手”一起走上红毯，开启新学年新生入门礼

三年级小朋友和同一天生日的“校长爸爸”黄培杰互送生日礼物

2019 年 10 月 1 日，黄培杰校长和师生家长共同绘制“卷长情深，共绘华章”70 米长画卷庆祝新中国成立 70 周年

《最美安全线》　作者：徐钰榛　（以升班）

2020年5月11日，我们终于迎来了新冠疫情时期的返校复课，重新踏入执信校门。为迎接我们，学校搭建了“最美安全线”！门岗阿姨为我们测温和登记；校长带领老师们变身搬运工，在校门口帮我们拿行李，还特意给我们送来了“爱的福袋”，让大家有个好运气好心情；老师们在教室里布置了向日葵花，让盛开的向日葵驱走疫情的阴霾……

——徐钰榛　2020.6

看到这作品，甚为感动。想不到一个小小的行动，却不经意间触动了学生，成为“小画家们”的创作元素。画作中流露出学校“办温暖人心的教育”的理念深入人心，我们学校从保安到老师，每一个人都在用心教育引导学生成人、真心服务于学生、精心守护陪伴学生的安全健康成长，构成守护学生成长的安全线，也让我感受到身为一名教育工作者的那份责任与担当。这就是教育，作为校长我更要以身作则，身先士卒。

——黄培杰校长　2020.6

2020 年 5 月 11 日返校复课第一天，黄培杰校长和老师们在校门口帮忙拿过学生沉重的行李，门卫例行测温入校。2021 届以升班学生徐钰榛将这一幕画下来，取名《最美安全线》